実践！借地権との上手なつきあい方

素朴な疑問・不安からトラブル解決まで、
この1冊でまるごと分かる

住友林業レジデンシャル
借地権事業部 編著

現代書林

はじめに

私どもは、昭和60年の設立以来、東京・神奈川・千葉・埼玉から、大阪、名古屋まで「住」に関するお手伝いをさせていただいています。

その業務は、アパートやマンションの管理業務を中心に、マンスリーマンション事業、駐車場・コンテナ事業と多岐にわたっています。そうした業務を通じて、地主さんや借地人さん（土地を借りている方）とのお付き合いも広がり、いろいろお話をさせていただく中で、土地についてのご相談を受けることが数多くあります。

例えば、「借地権を売りたい……」（借地人さん）「借地を返してもらえないか……」（地主さん）などです。

このような借地関係の相談が年々増えていったことから、私どもは専門家とチームを結成し、借地権の買取りや売却、相続、建替えなど様々な問題の解決にあたってきました。

本書で紹介する事例は、いずれもそうした専門家チームによって問題解決を見た事例です。

借地権などにかかわる多くの事案に携わっているうち、私どもはある二つのことに気づかされました。

第一は、地主さんと借地人さんの些細な気持ちのすれ違いです。

「地主は、地代とか更新料とか、承諾料とか、すぐお金のことばかり言う」

借地人さんのなかには、こんな気持ちを持っている方がいます。

一方の地主さんには、こんな気持ちが潜んでいるものです。

「土地を貸してあげているのに、いつの間にか、自分の土地みたいに使って、返してもくれない」

トラブルの原因は、昔から隠された感情と日ごろから抱いているこうした気持ちの行き違いです。

第二は、借地権や底地などの権利や評価について正確な知識を有していないことです。地主さんと借地人さん共に誤った知識や情報が固定観念として定着し、その主張のすれ違いからトラブルが発生しています。

これらの問題の大きな原因は、今まであいまいな対応がされてきた経緯にあります。そこに金銭的な問題、互いの思惑や感情、関係者（不動産会社）の欲などがからみ、権利関係をより複雑にしてきた背景があります。

例えば、借地権の価値などでは、「借地権が60％」「底地が40％」という話がよく言われますが、実はこの評価割合は、相続が発生したときの相続財産を評価するための基礎として国税庁が路線価で発表している割合です。したがって、売却時や交換の場合、更地価格に借地権や底地の割合をかけた数字が、そのまま売却などの割合や価格になるものではないのです。

借地権60と底地40は、合わせて１００です。しかし、もしバラバラに処分しようとすると、借地権30、底地は15というように、価格は半分以下になることも考えられます。

セットで１００の価値……。その価値を、可能な限り地主さんと借地人さん双方が享受するためにはどうすればいいでしょうか。

まず現実を見つめてお互いの気持ちのすれ違いを正し、借地権・底地の本来の姿を確認することです。そのうえで、自分の利益だけを主張せず、相手との協力から得られるメリットを考慮することです。

地主さん・借地人さん双方が自分の権利だけを主張すれば、本来の価値が大きく目減りし、結局は、双方が満たされません。しかし、双方が自分の利益だけを主張せず、お互いに協力し合い、思いやりの気持ちを持てば、本来の価値以上の大きなメリットを得られるだけでなく、無用のトラブルも避けることができます。

「借地権などに関する事柄は、人と人との思いやりと対話で解決できる」

私どもは、この信念を基に、地主さん・借地人さん双方にメリットのある解決を心がけてきました。

こうした私どもの理念や姿勢をお話すると、多くの地主さん・借地人さんは理解を示されます。その結果、私どもに寄せられたご相談のほとんどは、双方の理解と協力、そして、専門家チームの叡智の結集により、円満に解決しています。

「借地権問題は、今後大きな転換期を迎えていくに違いない。今こそ借地権問題に関係する様々な事例とその解決策について、適正な情報をまとめて一冊の本にしよう」

円満解決事例の積み重ねのなか、私どもはそう決意し、出版させていただく運びとなりました。私どもの蓄積した具体的なノウハウが、トラブルの未然回避にお役に立てば、そして地主さん・借地人さん双方の幸せに貢献できれば、私どもにとってこれほどうれしいことはありません。

住友林業レジデンシャル　借地権事業部

※譲渡税をはじめ、税制や税率はしばしば改定されます。本書では平成20年12月末日現在の税制や税率を用いていることをお断りしておきます。

※本書は、主に旧法の借地権に基づいています。

※本書では、土地の所有者（名義人）を「地主さん」と呼びます。また、建物の所有者（名義人）を「借地人さん」と呼びます。

目次

第1章　借地権と底地は問題山積！

第2章

借地人さんの疑問 「上手な解決法」をプロが教えます

第3章 借地人さんのトラブル 解決事例

第4章 地主さんの疑問 「上手な解決法」をプロが教えます

第5章 地主さんのトラブル解決事例

コラム
COLUMN

第 1 章

借地権と底地は問題山積！

旧借地権は、地主さん・借地人さん双方に多くのメリットがあります

地主さんと借地人さんは気づいていないことが多いのですが、借地権には様々なメリットがあります。

まず、借地人さんのメリットとしては、

①半永久的に土地を利用することができる

旧法では、借地権は原則法定更新となっているために、建物が存在している限り、半永久的に土地が利用できます。

②借地権の譲渡ができる

借地権を地主さん、あるいは第三者に売る（ただし、地主さんの承諾が必要な場合があります）ことができます。

③借地上の建物を第三者に貸すことができる

借地上にマンションやアパートを建て、第三者に貸し、家賃収入を得ることができます。

次に、地主さんのメリットは、

①安定的な地代収入が得られる

●旧法

明治42年に制定された「建物保護に関する法律」と、大正10年に制定された「借地法」「借家法」のこと。いずれも借り手側の保護に重点が置かれ、土地や建物活用に支障を来たすという意識から、平成3年に、定期借地権などの制度が盛り込まれた現行の借地借家法が制定された。

●法定更新

更新について合意がない場合、自動的に更新されたものとする制度。借地期間満了により借地権が消滅した後、土地を利用しているケースで、地主が遅滞なく異議を述べないときは、これまでの契約と同じ条件で再び借地権を設定したことになる。

毎月、借地人さんから決まった額の地代収入が得られます。

②契約更新の際、更新料が入る

契約を更新する際、借地人さんから更新料を得られる可能性があります。

③**固定資産税**の軽減がある

更地であれば固定資産税の評価は100%で、軽減措置はありません。居住の用途の場合、最大で固定資産税の評価が6分の1になります（200㎡までは6分の1、200㎡を超える部分は要件によるが3分の1となります）。

④相続税の軽減

借地権が設定されている土地（ここでは**底地**といいます）の相続税評価は、借地権割合が70%とすると、底地の評価は30%となります。相続税の計算上、「5000万円＋1000万円×法定相続人の数」が基礎控除されることから、広い土地を所有していれば、この基礎控除を受けても、かなりの相続税がかかってきます。しかし、借地権が設定されていれば底地だけの相続税評価になり、相続税が大幅に減ります。

このように借地権は、地主さん借地人さんの関係が良好であり、管理がしっかりできていれば、双方にとって多くのメリットが得られるのです。

●**固定資産税**
固定資産（土地や建物など）につき、その年の1月1日現在の所有者に対して課税される市区町村税。標準税率は1.4%だが、小規模住宅用地などには、課税標準額が軽減される特例もある。

●**底地**
借地権の付いた土地の所有権のこと。更地とは異なり、土地所有者は借地人との関係で、利用上のさまざまな制約を受ける。

一つのボタンのかけ違いから、次々に波紋が広がる怖さがあります

人間の感情というものは厄介な面があります。ひとつボタンをかけ間違えると、それまで非常に仲良くやっていた地主さんと借地人さんが対立してしまいます。

ボタンのかけ間違いは、地代改定や更新時、譲渡や建替え時などで発生します。たとえば、借地人さんが建替えを希望した時です。

借地人さんが建物の建替えを考え、地主さんに承諾を求めます。地主さんは会社を経営しており、非常に多忙です。どうしても会社の業務が中心になり、借地人さんに建替え承諾を出すのが遅れたとします。

返事がこないことに心配になった借地人さんは、「建替え承諾のほうはどうなっているんでしょうか?」と地主さんに連絡します。仕事が忙しくてすっかり忘れていた地主さんは、思わずこう言ってしまいました。

「あっ、忘れていた」

この言葉に、借地人さんは怒ります。

「私がこんなに真剣に頼んでるのに、忘れてやがった。建替え承諾料も払うといったのに、いったい何様のつもりなんだ!」

その日以来、道で地主さんと会っても、借地人さんは挨拶すらしなくなります。そんな借地人さんの態度に、今度は地主さんの気持ちが害されます。

「悪気があったわけじゃない。忙しくてちょっと忘れただけじゃないか。そんなことで顔をそむけて挨拶もしないとは、許せない！　建替え承諾なんか絶対に出さない！」

こんな場合、どうしても建替えたい借地人さんは、裁判所に建替えの許可を求めることができます（あとで述べる**借地非訟**手続き）。しかし、それで建替えたとしても、以後の地主さんと借地人さんの関係がうまくいくはずはありません。次の更新の時期がきたとき、地主さんは**正当事由**を申し立て、更新拒絶をするかもしれません。そうなると、また裁判所のお世話になりかねません。

人間関係では、ちょっとした行き違いから、あとあとトラブルの火種を抱え続けることになってしまいます。

●**借地非訟**
土地の賃貸借契約で、借地権の譲渡、借地条件の変更などのトラブルが生じたときに、裁判所が地主の承諾に代わる許可を与えるなどして、紛争を予防し、当事者の利害を調整する裁判手続き。

●**正当事由**
借地契約において、借地人が契約の更新を求めた場合に、それを拒否できる地主側の理由となる事情。その理由とは、地主が自分で使用する必要性があり、そのことについて相当の事情があると認められる場合とされるが、立退き料の支払いも、正当事由の存在を補完する。

地主さんも借地人さんも、人の子です。感情のすれ違い・行き違いということが絶対にないとは言えませんが、交渉が中断したりストップしたりしたときこそ、冷静な対応が求められます。

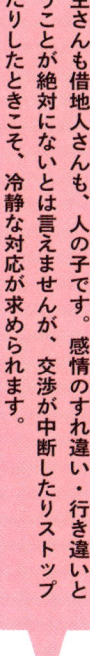

借地権トラブルの原因は誤解・思い込みがほとんどです

地主さん・借地人さんの双方にとって、借地権はうまく使えば大きなメリットがありますが、一方、借地権に関するトラブルも頻発しています。

理由は、そこに人間の感情という微妙で厄介なものが介在するからです。たとえば、借地人さんの気持ちは次のようなものです。

①毎月の地代が高すぎる気がする
②更新のとき、なぜ更新料を払わないといけないのか?
③建替えのとき、なぜ建替え承諾料が必要なのか?

こうしたことから、「地主はお金を取ることばかり考えている」と借地人さんは思ってしまうことがあります。こうした借地人さんに、私どもはお話しします。「そもそも借地契約とは、本来、地主と借地人の友好的な人間関係の上に成り立ちます。その証《あかし》として地主は承諾を、借地人は対価を支払うことが必要なのです」。

一方の地主さんにも、微妙な感情が働きます。

①もともと土地は自分のものだ

②土地を貸してあげているのに、なぜ借地人に借地権という「権利」が発生するのか？

③善意で貸したのに、なぜ半永久的に返ってこないのか？

④承諾が必要とはいえ、借地権を第三者に売ることができるのは理不尽じゃないか？

これらの気持ちから、「借地権は悪だ、面倒だ」と地主さんは考えてしまうのです。私どもは、こうした地主さんにもよく申し上げます。

「先祖代々土地を貸してきたおかげで、土地が残っているということはありませんか？　借地以外の土地は、相続か何かで切り売りしなければならなかったのではありませんか？　借地があればこそ、地代や更新料といった収入もあったのではないですか？」

お互いに利益のある運営を考えたほうがより大きなメリットになります。

借地権のトラブルは、ほとんどが誤解や思い込みの産物です。地主さん、借地人さんの双方が借地権から受けている恩恵をきちんと振り返れば、トラブルの芽は未然に摘むことができます。

借地（底地）の評価と実際の価値は違います

借地権をめぐるトラブルでは、よく**借地権割合**が争点になります。「借地権割合が70％で、底地の割合が30％」とか、「借地の割合が60％で、底地の割合が40％」といった話が飛び交います。

しかし、この割合がどういう性格かは、ほとんど知られていません。

実は、この割合は、相続が発生したときなどに相続財産を評価する目安にすぎません。相続税を確定するためには、ある基準が必要です。そのために、**路線価**上の評価でこの割合が決められているだけなのです。

もう一つ、借地権と底地は1セットで評価されるものです。そのため、借地と底地を単品で切り売りしようとすると、その価値は大きく減ってしまいます。

仮に、更地評価が1億円とします。借地権割合が60％とすると、借地人さんは6000万円の価値があると思い込んでしまいます。しかしそれは、死亡したときの相続税の評価が6000万円ということであって、実際に売買するときの価格が6000万円ということではないのです。

借地権付き建物だけで売る場合、実際の売買価格は半値程度になることがあり

●借地権割合
所有権価格（更地の時価）に対する借地権価格の割合。地価の高い地域ほど借地権割合は高くなり、その一方で底地評価が低くなる。一般的に、住宅地では6～7割、商業地では8～9割である。

●路線価
主要な道路に面した土地の税務上の評価額を、1平方メートルあたりの単価で示したもの。国税庁によって毎年夏頃に発表され、税務署に行ったり、国税庁のホームページなどで見ることができる。

ます。また地主さんへ譲渡承諾料として売買価格の10％程度を支払わなければなりません。最終的に手元に残るお金は、半値以下になることもあります。

地主さんも同じです。第三者に底地だけを売ろうとしても、一般の第三者で買う人はまずいません。買うとすれば、地代という利回りを期待した投資家か転売を目的とした不動産会社くらいです。

たとえば不動産会社が底地だけを買う場合、更地評価1億円で底地の割合が40％でも、良くて半値の20％、下手をすると10〜15％程度の価格になってしまいます。不動産会社の買値の上限は2000万円程度になるわけです。

借地も底地も、切り売りすれば大きく価値が減ります。しかし、地主さんと借地人さんが協力すれば所有権として100％の評価になり、そこにプラスαの価値が生まれます。

等価交換にせよ、売買にせよ、協力から生まれたプラスαの価値を双方がどう分け合うか……。借地権と底地では、ここが非常に重要なポイントになります。

●**等価交換**
価格や価値が同じ物を譲渡し合うことをいう。地主が持っている底地と、借地人の借地権の一部を交換したりすることが典型的な例である。

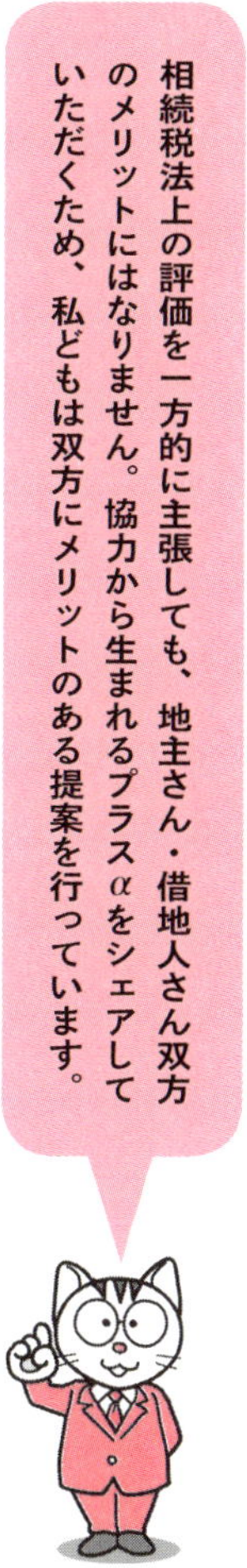
相続税法上の評価を一方的に主張しても、地主さん・借地人さん双方のメリットにはなりません。協力から生まれるプラスαをシェアしていただくため、私どもは双方にメリットのある提案を行っています。

借地権の活用を阻む最大の壁は「共有名義」。それはなぜ？

借地権の相続で、どうにもならない泥沼に陥ることもあります。たとえば、兄弟3人で借地権を**共有**相続したような場合です。

「土地を借りていても仕方がない。ここは借地権を売ってしまおう」

2人は、こう言います。しかし、1人は、「自分がその土地を使いたい」と主張し、兄弟3人の意見がまとまりません。

当社が間に入ってうまくまとまるケースもあれば、1人だけ意見の違う方がどうしても首を縦に振らないケースもあります。なかには、いくら呼びかけても、借地権を調整する話し合いの席に出てこない人もいます。その結果、借地権は売ることもできず、使うこともできない膠着状態に陥ります。

地主さんにとっても、共有で借地権を相続した借地人さんがいる場合、注意が必要です。何かトラブルがあると、権利は主張しても、トラブルの責任は誰も取ろうとしないことがあるからです。

一方、地主さん側にしても、共有で相続すると問題があります。

借地人さんから何か相談や問題を持ち込まれた場合、共有というあいまいな形

共有
土地や建物などの不動産を複数の人で分けて所有することだが、誰がどの程度の割合で所有しているのかを示す「共有持分」を登記する必要がある。これが共有名義となる。

が責任の所在を不明確にしてしまうことです。

当社が受けた相談では、借地人さんから借地権を売りたいと申し出がありましたが、この借地権のついた土地を、長男のAさんと次男のBさんが共有で相続していたケースがあります。

借地人さんがAさんのところに行くと、「そういう話はBにしてくれ」と言われ、Bさんのところに相談に行くと、「いや、長男のAの承諾を先に取ってくれ」と言われます。

困り果てた借地人さんが当社に駆け込まれたわけですが、私どもが交渉に行っても、AさんとBさんは自分が結論を出そうとはしませんでした。

私どもが受けたこの相談では、AさんとBさんと何回も話し合いを重ねた結果、ようやく2人の地主さんが借地権を買うことで話がまとまり、解決できましたが、話し合いがつかない場合、借地人さんが裁判に訴えることもありますので、注意したいものです。

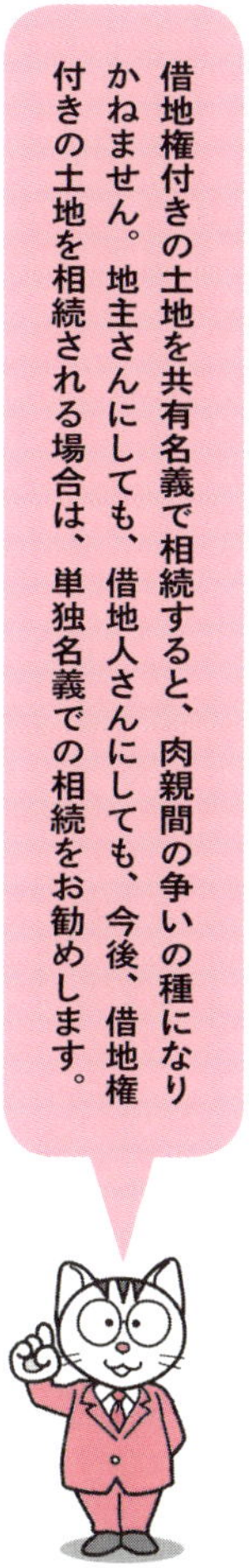
借地権付きの土地を共有名義で相続すると、肉親間の争いの種になりかねません。地主さんにしても、借地人さんにしても、今後、借地権付きの土地を相続される場合は、単独名義での相続をお勧めします。

新法になって「変わったこと、変わらないこと」はココ！

平成4年8月から、「**借地借家法（新法）**」が施行されました。新しい法律は、それまで「借地法」と「借家法」に分かれていた前の法律（旧法）が一本化されたものです。新法になって創設、または改正された点はいくつかありますが、借地権関係で主なものは次のようなものです。

①定期借地権制度の創設（借地借家法22条）

「定期借地権制度」とは、「更新がなく、決められた期限がくれば、必ず地主に土地がもどってくる借地権」のことです。

②普通借地権制度の創設

旧法の借地権のようなもので、契約で借地期間を決めても、地主さん側に特に正当事由がない限り、契約更新を拒否できません。

③借地権の存続期間の見直し

旧法での「借地権の存続期間」は、契約による場合、**堅固建物**は30年以上、**非堅固建物**は20年以上でした（旧借地法2条）。更新後の存続期間も同様です（同法5条）。

●**借地借家法（新法）**
それまでの旧法を統合し、平成3年に制定された法律。建物の所有を目的とした地上権・土地賃貸借と、建物の賃貸借について定めている。定期借地権や定期借家権制度が新設され、一定の期間だけ賃貸借契約を結ぶことが可能になった。

●**堅固建物・非堅固建物**
一般的に、堅固建物とは、鉄骨、鉄筋コンクリート造りなどの建築物を、非堅固建物とは、木造建築などを指す。

新法では、存続期間が一律30年以上（堅固、非堅固にかかわりなく）に（借地借家法3条）、更新期間は最初が20年以上、それ以降は10年以上になりました（同法4条）。

④地代家賃の**増減額請求手続き**の改善

「地代家賃の増減額請求手続き」は、簡単に言えば「地代や家賃の値上げをめぐる紛争」のことです。

旧法時代に成立した借地権の相続や譲渡、契約更新では旧法が適用されます。しかし、地代家賃については、新法の適用を受けることになっています。

地代家賃の紛争は、これまでそのまま訴訟に持ち込まれていましたが、民事調停法が改正され、訴訟前に調停委員会による「調停義務」が盛り込まれました（同法24条の2）。地代家賃でトラブルが起きた場合、調停委員会による調停を受け、協議が整わないときに裁判ということになります。

●増減額請求手続き
契約の当事者が、約定の地代の増額、または減額を請求する手続きのこと。近隣の土地価格の変動、あるいは税金の増減などによる地主の負担増加など、諸般の経済事情が考慮される。

「新法になったのだから、旧法時代に成立した借地や貸家の扱いは新法に切り替わる」と考えている人もいますが、それは誤解です。新法が創設されても、旧法時代に成立した借地関係には旧法が適用されます。そのため、旧法時代に土地や家を借りた人は新法の影響は受けません。

「借地非訟」って何？　どんなメリットがあるの？

借地人さんが借地権を売ろうとする場合、地主さんにまず相談する必要があります。地主さんには、借地権を優先的に買い取ることができる**介入権**があるからです（借地借家法19条3項）。

地主さんが買取りを希望すれば、借地人さんと地主さんとの間で買取り価格の交渉に入り、値段が折り合えば交渉成立です。直接交渉してもかまいませんし、不動産会社を仲介に立ててもかまいません。

地主さんに買う意思がない場合、第三者に売ることになります。第三者に売る場合、地主さんの承諾が必要です。

しかし、地主さんが正当な事由なく第三者に売ることを認めてくれない場合もあります。こうしたとき、第三者に借地権を売る許可を裁判所に求めます（借地借家法19条1項）。この手続きを「借地非訟手続き」と呼びますが、買い手がなければ借地非訟手続きはできません。

第三者に売るといっても、簡単に買い手が見つかるとは限りません。借地権を買ってくれる人を探すために、広告を打つことも考えるでしょう。

●介入権
借地人が借地権を第三者に譲渡する際、その土地を優先的に買い取れる地主の権利。

「私は許可していないのに、何でそんな広告を打つのか。私は許可しない」と、地主さんから、反発される恐れもあります。地主さんからこう言われることを考慮すると、借地を買ってくれる不動産会社に売ることもあります。しかし、競争原理が働かないため、借地権価格が安くなることがあります。

また、購入希望者が見つかっても、地主さんの譲渡承諾が必要ですし、買いたい人が新しく建物を建てたいとなると、地主さんの建替え承諾も必要なうえ、借地人さんは古い建物を取り壊さなければなりません。また、建替えにローンが必要だと、建物へ**抵当権**を設定する場合、地主さんに同意を求めなければなりません。こうなると、借地人さんは古い建物の取り壊し費用や譲渡承諾、買いたい人は建替え承諾費用や抵当権設定承諾など、いろいろと手間がかかります。

つまり、借地人さんが第三者に借地権を売ると、借地権を売った金額からこうした諸費用を支払うことになり、結果として、手元に残るお金は予想より少なくなるのが実態です。

●**抵当権**
担保の目的物を債務者に残したまま、債務不履行の場合には、債権者が優先してその目的物から弁済を受ける権利。その目的物の範囲は、登記・登録の制度のあるものに限られる。

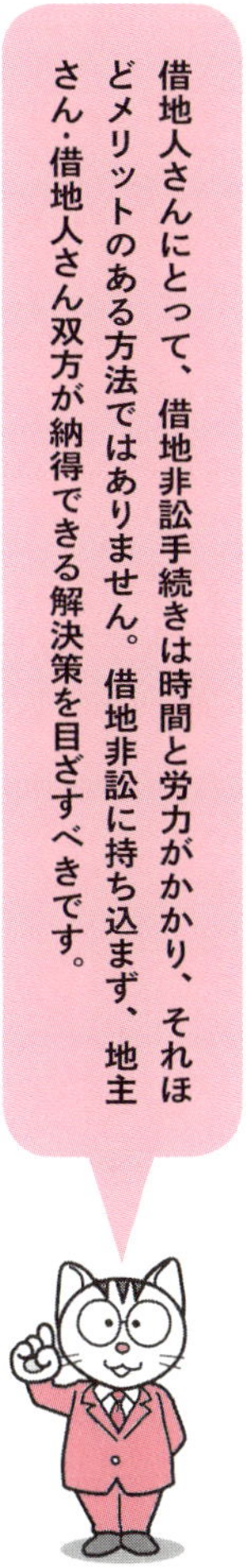
借地人さんにとって、借地非訟手続きは時間と労力がかかり、それほどメリットのある方法ではありません。借地非訟に持ち込まず、地主さん・借地人さん双方が納得できる解決策を目ざすべきです。

借地トラブルは、本当に解決できる専門家を見つけることがポイント

本書では旧法時代に成立した借地権を中心に解説していますが、地主さんと借地人さんの双方に強く理解していただきたいことがあります。

「法律は守るべきものであり、借地権に関する法律も守るべきものです。しかしそれを自分の都合のいいように解釈し、対立するのは得策ではありません！」

これが理解していただきたいポイントであり、私どもの訴えたいことです。

「借地の問題は、法律や税金の専門家に任せれば安心だろう」

こう考える地主さんや借地人さんも少なくありません。そこで、問題になるのが「専門知識」と「専門家」の中身です。

一般的に、土地に関する問題は税理士さんとか弁護士さんを専門家と考えます。専門家でもそれぞれ専門分野があり、借地問題を得意としない税理士さんや弁護士さんもいます。

たとえば、土地問題が得意ではない専門家が相続申告や遺産分割を担当すると、土地の相続税評価にも精度を欠き、納税者に不利益になってしまう結果になりかねません。**遺産分割協議**の調整がなかなかつかない場合の解決策として、相続人

●遺産分割協議
亡くなった人（被相続人）に遺言書がない場合、その人が残したすべての財産の分割方法について、相続人が話し合って協議すること。全員が同意すれば、法定相続分や遺言と異なる分割をすることができる。

数人で共有することを勧めてしまうことがあり、それが後々、骨肉の争いになったりします。

これからいろいろ紹介しますが、法律や税金を杓子定規に解釈して適用しようとすると、どうにも動きの取れない事態に陥るケースが少なくありません。これらのことをトータル的に提案のできる土地や借地を得意とする専門会社が間に入り、関係者とじっくり話し合いの場を持って臨めば、解決できる可能性が高くなると確信しています。

借地権問題で望まれる解決の姿は、トラブルが大きくならないうちに手を打ち、互いに納得し、円満に終了することです。そうして初めて、本当に解決したと言えるのではないでしょうか。

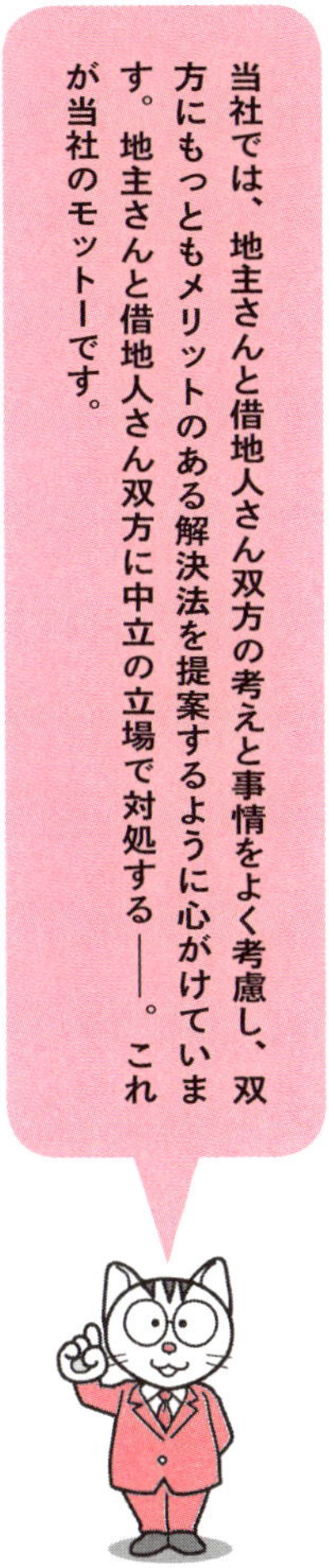
当社では、地主さんと借地人さん双方の考えと事情をよく考慮し、双方にもっともメリットのある解決法を提案するように心がけています。地主さんと借地人さん双方に中立の立場で対処する――。これが当社のモットーです。

コラム
COLUMN
1

不動産の基本的権利

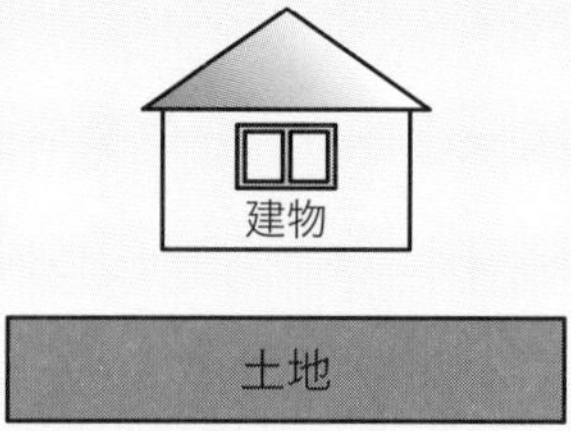

1：日本では土地と建物が別々の不動産

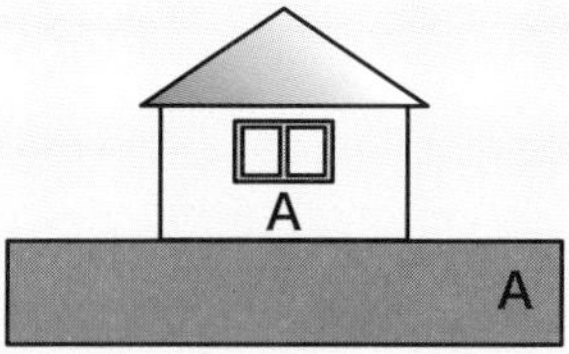

2：土地も建物もAさんが
持っているのが所有権

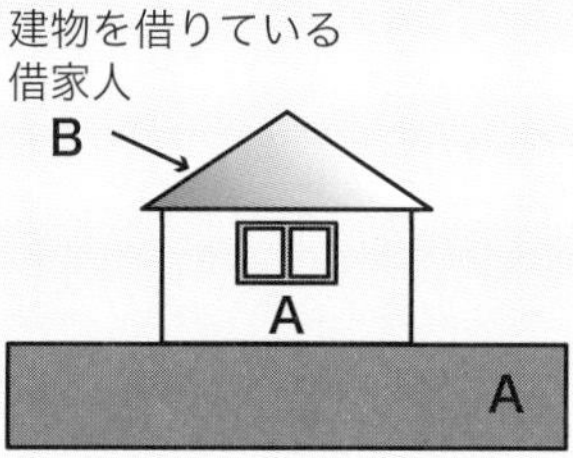

3：土地も建物もAさんが持っている
が建物を貸している借家（権）

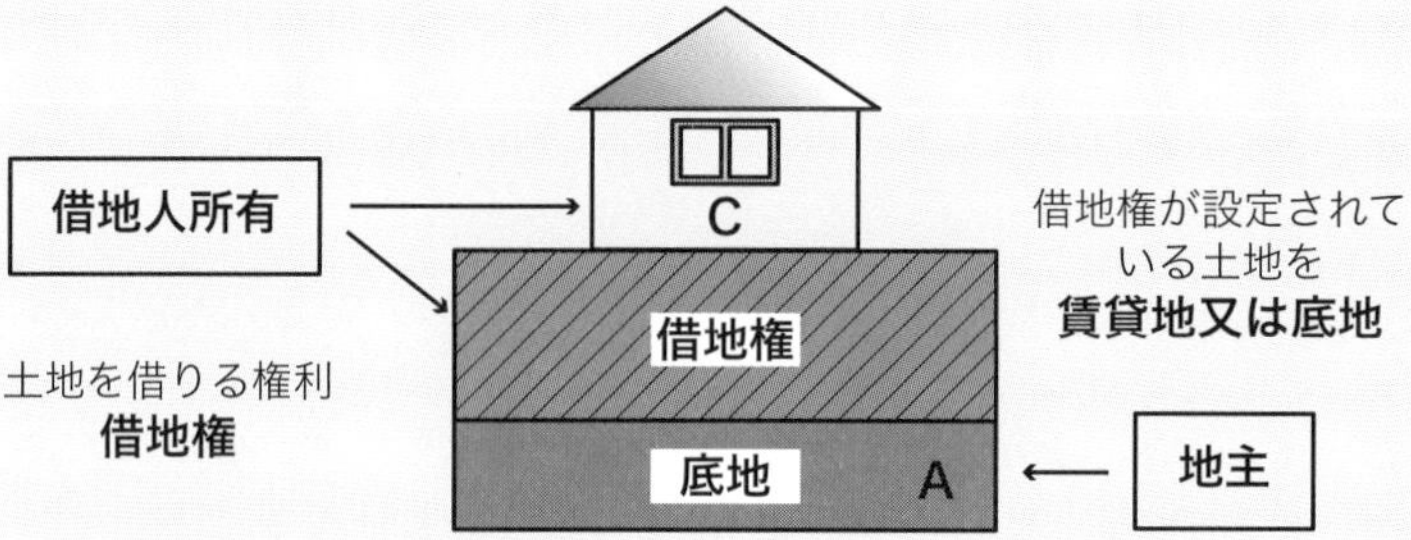

4：借地権
借地権とは「建物所有を目的とする地上権又は土地賃借権」をいう

第2章

借地人さんの疑問

「上手な解決法」をプロが教えます

Question

1

地主さんが「地代を上げたい」と言ってきた。応じるしかないの？

地代に関するトラブルで多いものは、地主さんの値上げ希望をめぐるものです。「地主さんが『地代を上げたい』と言ってきたけど、地主さんの要求に応じないといけないのでしょうか？」

借地人さんのなかには、こんな疑問を持つ方もいます。

基本的に、地主さんは適正な理由があればいつでも地代を上げることができます。契約に地代値上げの特約があり、それが適正な値上げであれば、借地人さんは地代の値上げにまず応じなければなりません。

値上げの特約がない場合はどうでしょう？

この場合、借地人さんは、地主さんが言ってきた地代を必ず飲まなければならないことはありません。借地関係というものは、人間の信頼関係が基礎です。地代を上げるにも、借地人さんが納得するだけの根拠が必要です。

「地代を上げる理由を説明してください」

借地人さんがこう言えば、地主さんは説明しなければなりません。地代の値上げを申し出た地主さんは、次のような理由を挙げることでしょう。

①固定資産税等が上がった

②近隣の地代が上がっている

地主さんの求める値上げ分が法外なものではなく、値上げの理由が納得できれば、借地人さんも地代値上げを了承できるでしょう。

理由や金額が納得できない場合、借地人さんはどうすればいいでしょうか？

納得できないからと地代を払わないと、地代不払いを理由に契約解除されるかもしれません。借地契約には、普通、「債務不履行（地代などを支払わないこと）の場合は契約を解除する」という一項が盛り込まれているからです。

「納得いきません。いままでと同じ地代を払います」

地主さんにこう申し出ることもできます。

従来の地代額では納得できない地主さんは、受け取ろうとしないかもしれません。その場合、借地人さんは**供託**という方法で地代の未払いを回避することができます。地代に相当する金額を法務局に供託しておけば、地代不払いを理由に借地契約が解除されることはありません。地代が供託になると、地主さんには地代が入ってきません。そこで調停をはかろうとするでしょうし、調停が不調に終わると裁判ということになります。

●**供託**
地主や家主が地代・家賃を受け取らないときに、法務局などの供託所に金銭を預けること。債務不履行とされて、不利益を受けないための手段になる。

地代の値上げでは、地主さんと借地人さんの話し合いが大切です。話し合いの過程で折り合える金額も分かってくるでしょうし、今回は見送る代わりに、近い将来の値上げの時期を決めることもできます。

コラム
COLUMN
2

借地権の歴史

借地制度がいつから始まったかは分かりませんが、江戸時代にはすでに借地制度はありました。たとえば、江戸に置かれた大名屋敷はみな借地で、地主はお寺や一般人でした。

明治 29 年、民法が制定されます。当時は「所有権の絶対性」が強く、借地人の権利は著しく弱いものでした。借地人が第三者に自分の借地権を主張するためには、地主の土地に借地権の登記が必要でした。しかし、地主の登記協力義務はなく、借地権の登記は現実的ではありませんでした。

明治 37 年、日露戦争が勃発します。戦争で都市圏に人口が集中し、貸し手に一方的に有利な契約（20 年以内の短期貸借権、譲渡転貸禁止）で建物を貸す貸家業が盛んになります。地主が第三者に土地を売ると立ち退かなければならないのでは出征兵士（借地人）の士気に影響するため、明治 42 年に「建物保護法」が制定されます。この結果、借地人が所有する借地上の建物を登記すれば、第三者に権利が主張できるようになりました。

大正 10 年には「借地法」が改正され、借地権の長期的な存続期間が最短 20 年（当初は堅固 60 年、非堅固 30 年）とされ、さらに存続期間満了後の借地人から地主への建物買取り請求権等が定められました。

昭和 16 年、勃発した太平洋戦争を機に「借地法（旧法）」が改正されます。挙国一致体制を狙いとした正当事由、法定更新制度が制定され、ここで「貸したらほぼ返ってこない借地」が成立しています。

平成 4 年、借地法と借家法が統一され、「借地借家法（新法）」が制定されています。

Question

2

地代の適正な金額ってあるの？

地代が重いなァ…
かといって裁判はイヤだし
でも支払いは大変だし
これじゃ別の土地買ってローン払うほうがマシだよ！
そのとーり

「うちは高い地代を取られているんじゃないか？」

借地人さんのなかには、こうした疑問や不満を抱いている方もあるでしょう。

地代の計算方法はいくつかありますが、当社にて規準としている計算方法は次のようなものです。

住宅地の地代＝固定資産税等×（3〜5倍）

商業地の地代＝固定資産税等×（7〜8倍）

毎月の地代は、この計算で出た金額の12分の1になります。

役所に行けば、固定資産税の評価額が閲覧できます。その評価額から計算される固定資産税等と、毎月の地代を比較すれば、地代が高いか安いかの見当はつきます。

ただし、いい加減に計算すると、あとあとのトラブルの種になります。

そこで当社では、借地人さんに、固定資産税の評価だけを入手していただきます。その固定資産税の評価額に、市況や近隣の地代などを勘案し、適正と思われる地代を算出します。

これまでの地代の相談内容を見ると、だいたい適正な地代であることがほとんどです。しかし、なかには、これは高いと思わざるを得ないケースもあります。

そうした場合、地主さんに、当社が地代の引き下げを打診することもあります。

◉住宅地・商業地
住宅地とは、土地・宅地の利用区分の一形態で、住宅の用途に使われる土地をいう。商業地とは、おもに店舗・事務所など、商業活動のために使われる土地のことをいう。

地主さんが引き下げに応じない場合、最終的な手段として「地代減額請求」の裁判を起こすこともできます。

地代減額請求の裁判を起こしても、地代が半額になるようなことはありません。それに、裁判はしこりを残します。これからも地主さんと借地人の関係をうまく保っていきたいのであれば、裁判はマイナスに働くことが多々あります。

「地代が高すぎる。このまま払い続けるのもいやだが、裁判もいや」

借地人さんのなかには、こんなジレンマに陥る方もいます。そうした借地人さんに対し、私どもはこうアドバイスします。

「どうしてもここに住んでいなければならない理由をお持ちですか？　もし、そんな理由がなければ借地権を売り、別の場所で所有権を持つことも考えられてはいかがでしょうか？」

借地人さんに、「借地権を売って他の土地に移ってもよい」という希望があれば、借地人さんの希望に適した土地探しも当社がお手伝いしています。

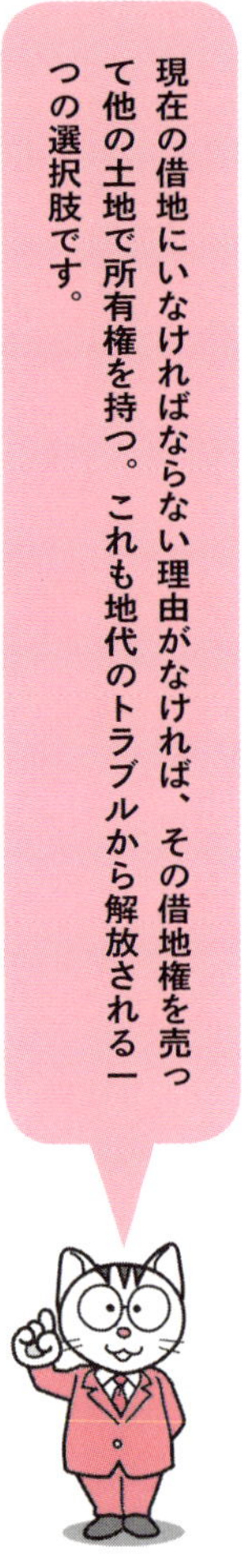
現在の借地にいなければならない理由がなければ、その借地権を売って他の土地で所有権を持つ。これも地代のトラブルから解放される一つの選択肢です。

Question

3 更新料は払わなくてもいいと聞いたが、本当に払わなくていいの？

世の中にはいろいろなコトを言う人がいます
様々な意見が耳にはいります
サボテンは水をやらなくてイイ
シイタケは洗わなくてもイイ
大晦日は寝なくてもイイ
更新料は払わなくてもイイ…
聞きかじりを鵜呑みにするのも
チク
いかがなものか…

借地人さんと地主さんの間で、更新料にからむトラブルが多く見られます。「契約書に更新料について特別な記載がない場合、更新料を払う必要はない」と、誰かから聞いた借地人さんが、更新料を支払わないと主張することもあります。本当に払わなくていいのかと、法律の専門家に相談すると、返事はきっとこのようなものです。

「契約書に更新料のことが書かれていなければ、払う必要はありません」

確かに、契約書に更新料の記載がない場合、多くの判例によりますと、借地人さんに更新料を支払う義務はないとされています。ただし、弁護士や税理士が「払う必要がない」と言う理由は、あくまで法律に照らしての解釈です。

これまで契約書に記載されていなくても、過去に更新料を払ってきた場合、「契約書にないから」と借地人さんが更新料の支払いを拒否しても、更新料の支払いを命じられることもあります。

また、「そっちがそうなら、建替え承諾も出さない。借地権の買取りもしないし、第三者への売却も認めない」などと、ヘソを曲げる地主さんもいます。

現実に、借地人さんが更新料を支払わなかったため、地主さんから法外な建替え承諾料を請求されたりしたケースもあります。

法律的に更新料を支払う必要がなくても、杓子定規に法律を持ち出すことは危険です。そのことで地主さんが感情を害し、人間関係がギクシャクすることになりかねません。

そもそも、借地権とは良好な人間関係の上に成り立っているものなのですから。

「あそこの土地が空いていて建物を建てたいのだけど、貸してくれませんか？」

借地人さんは、地主さんにこう頼みます。

「ああ、あなたならいいよ。ただし、貸すのはここからここまでだよ」

地主さんのこの言葉で借地契約が成立し、借地権が発生した経緯があります。

借地契約の始まりは、人間の信頼関係の上に成り立っていることが多いのです。法律を盾に一方的な主張をすると、地主さんとの関係が悪くなり、何かとマイナスになることもあるので注意が必要です。

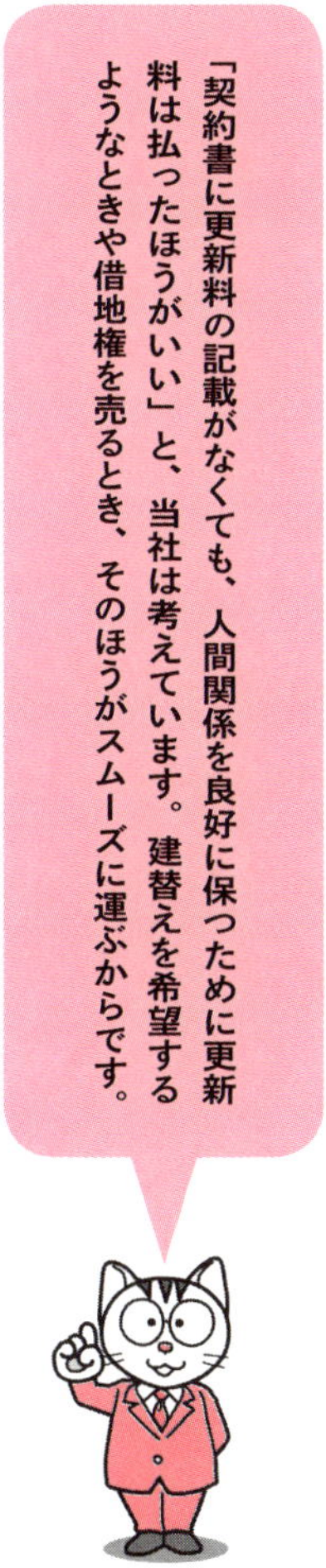
「契約書に更新料の記載がなくても、人間関係を良好に保つために更新料は払ったほうがいい」と、当社は考えています。建替えを希望するようなときや借地権を売るとき、そのほうがスムーズに運ぶからです。

Question

4

更新料を支払いたいが、手元にお金がない。どうすればいいの？

やっぱり更新料は払うほうがイイや…
秘密の地下室
カッカッ
さあて金庫を開けて…
キキ～
空っぽだ～払えない～！
知ってたクセに～
どっひゃ～

先に、「地主さんとの良好な人間関係を保つため、契約書に更新料の記載がなくても、支払ったほうがいい」と述べました。

「契約書に特記事項がないから」と更新料の支払いを拒否すると、地主さんが建替え承諾を出してくれなかったり、高い建替え承諾料を請求されることがあるとも述べました。

借地人さんが建替えを希望する場合、住宅ローンを付けることが多いでしょう。住宅ローンをつけるためには、地主さんが実印を押した抵当権設定承諾書、建替え承諾書と、**印鑑証明**を提出しなければなりません。

建替え承諾書がなければ、住宅ローンは借りられません。そうなると建替えの資金繰りができなくなり、希望する住宅の建替えはできなくなってしまいます。

「そうだな、契約書にはないけど、やはり更新料は払っておこう」

地主さんとの人間関係や将来のことも考慮し、借地人さんがこう考えたとします。このとき、更新料が払えればいいのですが、あいにく手元にまとまったお金がない場合もあります。

こんなとき、借地人さんはどうすればいいのでしょうか？

私どもとしては、次のようにされることをお勧めします。

①地主さんに、更新料を支払う意思のあることをはっきり伝える

●**印鑑証明**
売買契約や登記などの際、要求される証明書。契約書や登記簿などに押印するその印が、実印として市区町村に登録されたものであることを証明するもの。

②地主さんに、更新料がすぐに払えない事情を説明する
③地主さんと、更新料に相当する支払い方法を相談する

このうち、①と②については問題ないと思われます。きちんと事情を説明すれば、地主さんも納得してくれるでしょう。

最終的に残るのは、③の具体的な支払いの問題です。

一括で支払えないとすれば、「更新料の分割払い」も考えられます。この場合は分割払いにする期間をきちんと決めることです。

もう一つ考えられる方法は、「更新料と契約期間を計算し、地代に上乗せして支払う方法」です。言うなれば、更新料の分割払いのバリエーションです。

支払いの方法を地主さんとよく相談し、双方が合意することが大切です。合意したら、合意の内容はきちんと書面にして双方が確認したうえ、署名捺印するなどして双方が保管するようにしてください。

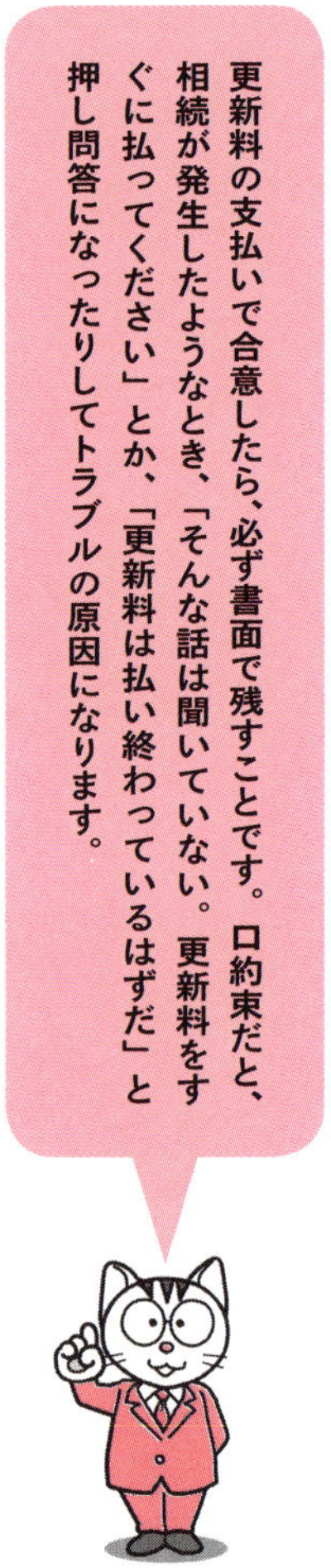
更新料の支払いで合意したら、必ず書面で残すことです。口約束だと、相続が発生したようなとき、「そんな話は聞いていない。更新料をすぐに払ってください」とか、「更新料は払い終わっているはずだ」と押し問答になったりしてトラブルの原因になります。

Question

5

契約更新のとき、あるいは更新2回目以降は新法が適用されるの?

借地の契約期間が切れそうなので、借地人さんが地主さんに契約更新を申し出たとします。

「法律が改正されたから、契約更新の時、定期借地権にしてください」「新法ができて最初の更新は旧法が適用されますが、2回目の契約更新以降は新法の取り決めにしてください」と地主さんから言われたら、どうすればいいでしょう？

旧法では、土地を借りた借地人さんは、半永久的に自分が使えます。地主さん側に正当と認められる特別な理由（正当事由）がない限り、契約更新を拒否できないからです。

新法では、「定期借地権」が新しく設けられましたが（借地借家法22条）、これは「更新がなく、契約期限が満了すれば、地主さんに土地を返還する」制度です。

地主さんのなかには、新法の創設に伴い契約更新時に定期借地権に切り替えられると思っている人もいますが、これは誤解です。

旧法で成立した借地権は、更新後も旧法が適用されます。地主さんが「新法で……」と言ってきても、借地人さんはあわてる必要はまったくありません。旧法時代の契約を更新すればいいのです。

「知らなかった！『法律が改正されたので、新法の定期借地権で契約してください』と地主さんが言うから、そのとおりに契約してしまった」

借地人さんのなかに、こうした方がいるかもしれません。

この場合、あとで借地人さんに不利な契約であることが分かれば、旧契約と比べて不利な部分については、無効となる可能性があります。

ただし、地主さんと合意で、「定期借地権」に契約を変更することはできます。これまでの借地契約を「合意」のうえで解約し、新たに「定期借地権」で契約する方法です。

この場合、契約期限がくれば、借地人さんは地主さんに土地を返さなければなりません。借地人さんが了承するとすれば、借地人さんにとってかなり有利な条件が示された場合でしょう。一つのケースとして、安い地代で土地が借りられるような場合が考えられます。

旧法時代に成立した借地権については、旧法が適用されます。新法ができたからと言って、定期借地権にしなければならない理由はありません。これまでの契約をそのまま更新し、従来と同じように土地を借り、使うことができます。

Question

6

借地の契約期間が終了した。地主さんから借地の返還を求められたが……

借地人さんから、次のような相談が寄せられることもあります。

「地主さんから、『借地の契約期間が終わるから、借地を返還してほしい』と言われました。借地を返さなければならないのでしょうか？」

借地契約についてよく分からなければ、借地の返還要求に応じてしまいかねません。現実に、地主さんに要求され、借地を返還してしまう借地人さんもいます。

結論を先に申し上げると、借地契約の期間が終了し、借地の返還を求められた場合でも、借地人さんは借地を返還する必要はありません。契約期間が満了しても建物があれば契約は終了せず、継続します。

借地人さんが借地に建物を建てるには、かなりの費用がかかります。また、借地上に建てた建物は、借地人さんにとって生活の基盤です。

仮に、借地契約の満了で土地の返還が認められると、借地人さんにとって大きな不利益になります。借地人さんを保護するために、契約が満了しても、建物がそこに存在して土地を使い続けていれば、土地を返還しなくてもよいことになっているのです。

借地契約の更新には、大きく「更新請求による更新」と「合意更新」、それに「法定更新」の3パターンがあります。

「更新請求による更新」は、借地契約の期限がきたとき、借地人さんからの契約更新請求を受けての更新です。この場合、地主さんが正当事由を有し、かつ遅滞なく異議を述べなければ、契約は従前の契約と同一の条件で更新されます。

「合意更新」は、借地契約の期限がきたとき、借地人さんと地主さん双方が条件に合意し、契約を更新します。一般的に地主さんが更新料を求め、その金額について双方が話し合って新たに契約を結びます。更新後の期間は、旧法（堅固建物の場合は30年以上、非堅固建物の場合は20年以上）に従います（旧法6条1項、新法5条2項）。

「法定更新」は、借地契約の期限がきたとき、更新請求や双方の合意の有無にかかわらず、そのままの契約が更新されるものです。この場合、借地上に建物があり、借地人さんが土地の使用を続けていること、さらに地主さんが正当事由のある異議を遅滞なく述べない限り、借地契約は更新されたとみなされるのです。

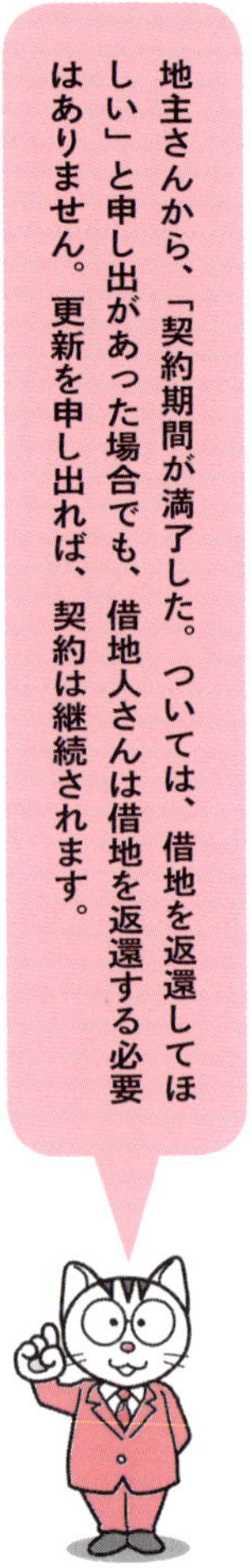
地主さんから、「契約期間が満了した。ついては、借地を返還してほしい」と申し出があった場合でも、借地人さんは借地を返還する必要はありません。更新を申し出れば、契約は継続されます。

Question

7

契約書の日付が10年前に切れていたが、どうしたらいいの？

前項では、借地の契約期限が満了したことで、地主さんから借地返還の請求がきたケースをお話しました。借地契約に関しては、契約満了の期限が経過したのに新しく契約を交わさず、以前の貸借関係がそのまま続いていたというケースもありえます。

借地人さんのなかに、次のような不安を訴える方もいます。

「何とはなしに契約書を見たら、10年前に契約期限が切れていました。土地を明け渡して出て行かないといけないのでしょうか？」

一方の地主さんにも、こう言われる方がおられます。

「10年前に借地契約が切れていた。契約が切れているのだから、借地人に出て行ってもらいたいのだが……」

こうしたケースが発生する理由として、たとえば、地主さんと借地人さんの関係が良好で、口約束で契約期限が延長されていたことが考えられます。また、地主さんと借地人さんが親戚のような場合、その関係から、契約満了時に新しい借地契約を結ばなかったということも考えられます。

しかし、その地主さんが亡くなったりすると、事情が変わることもあります。相続した新しい地主さんが契約書をチェックし、契約期限の切れていることが分かったりすると、「契約が切れていた。借地人に退去を……」と申し出たりするケースが起きてくることもありえるのです。

仮に契約期限が10年前に切れていたことが分かり、地主さんから土地を明け渡してほしいという要求が出されても、借地人さんはその借地に住み続けることができます。

これもまた、「法定更新」の制度があるためです。借地上に建物があり、借地人さんがその土地に住み続けていれば、この制度によって借地契約が更新されたとみなされるのです。この場合も、10年前に契約期間が満了していたことは、地主さんが土地の明け渡しを求める正当事由にはなりません。

借地契約は、契約期間が満了したときに新しく契約を交わすことが原則です。契約が切れていることが分かった時点で、地主さんと話し合い、きちんと借地契約を取り交わすようにすべきです。以前の契約が旧法時代に取り交わされているのであれば、旧法時代の契約条件となります。

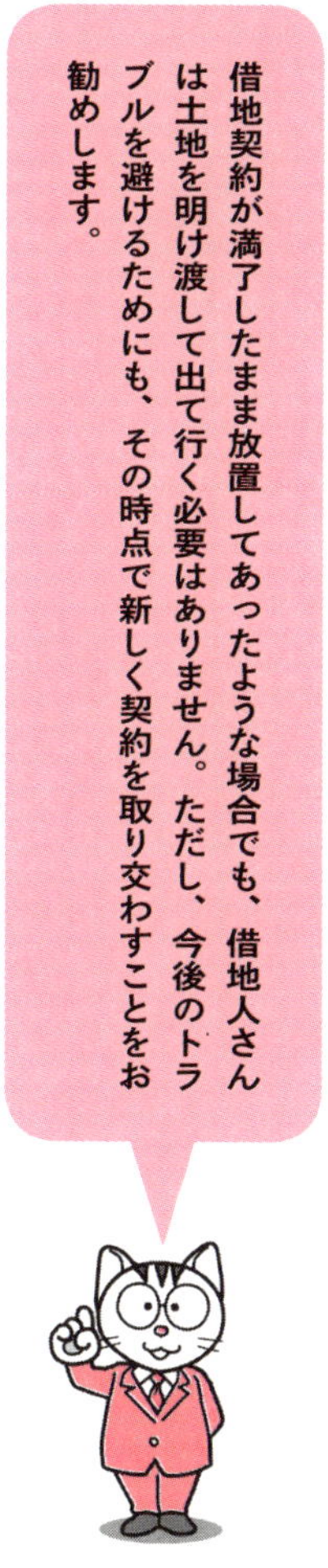
借地契約が満了したまま放置してあったような場合でも、借地人さんは土地を明け渡して出て行く必要はありません。ただし、今後のトラブルを避けるためにも、その時点で新しく契約を取り交わすことをお勧めします。

Question

8

建物を建替えたいが、どうすればいいの？

建替えの時一番大切なコトは何でしょう？
う〜ん
間取り？
デザイン？
資金？
夢いっぱい
借地の場合何より先にしなければならないコトがあります
家具？
ご近所？
色？

「借地の上に建っている建物を建替えたい。どうしたらいいのでしょうか？」

借地人さんから、こうした相談が私どもに持ち込まれることがあります。

旧法の借地契約では、「建物の建替え、増改築については地主の承諾が必要」という特約がついています。「地主の承諾を得ずにこれらを行うと、地主はただちに契約を解除できる」という特約も添えられているはずです。

契約の解除を避けるため、建替えなどではまず地主さんに相談し、承諾を得ることです。地主さんが建替えを承諾すると、工事に取りかかる前に、借地人さんは「建替え承諾料」を地主さんに払うことになります。

建替え承諾料は、だいたい更地価格の２～５％程度です（構造も、木造から鉄筋等堅固な建物に変更する場合は10％前後）。当社に依頼されれば、当社で「建替え承諾料」を計算し、借地人さんに提示します。借地人さんのなかには、その見積もりを持ち、自分で地主さんのところに相談に行かれる人もいます。

「これぐらいと言われたんですが、これでどうですか？」

借地人さんと地主さんとの話し合いで、すんなり建替えのＯＫが出ることもあります。

「その見積もりで、貴社で地主さんと交渉してください」

私どもが提示した見積もりを見て、こう言われる借地人さんもいます。

借地人さん本人が交渉されるにしろ、私どもが交渉するにせよ、私どもの提示した建替え承諾料と地主さんの気持ちが一致しないこともあります。

たとえば、私どもの提示した承諾料が１００万円だったとします。この提示に対し、「どうしても１５０万円欲しい」と地主さんが言われたとします。

交渉で折り合う額が決まればそれで交渉は終了ですが、なかなか額が折り合わない場合もあります。どうしても額が折り合わないと、借地非訟ということになり、裁判所に許可を取ることになります。

借地非訟をするには約50万円前後の費用がかかると見てよいでしょう。建替え承諾料で50万円節約しても、借地非訟で50万円の費用がかかれば、トータルでは差し引きゼロ。かけた時間だけ無駄にしたことになります。

建替え承諾料で折り合わない場合、当社では、いろいろな角度から検討し、借地人さんと地主さんの双方にとってベストと思われる方法を提案させていただいています。

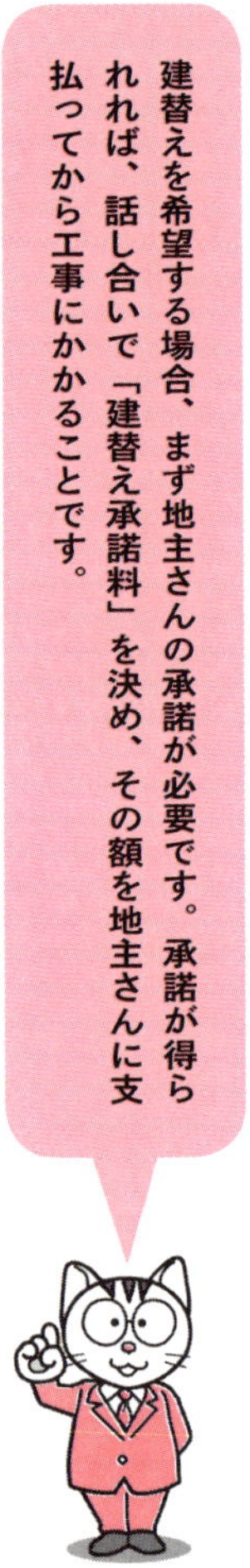
建替えを希望する場合、まず地主さんの承諾が必要です。承諾が得られれば、話し合いで「建替え承諾料」を決め、その額を地主さんに支払ってから工事にかかることです。

Question

9 家を建替えるとき、借地でもローンは組めるの？

借地人さんが家の建替えを希望し、地主さんも建替えを承諾しました。建替え承諾料についても双方が合意し、建替えについての問題はありません。残るは、建築費用の調達です。

「借地権なのですが、家を建替えたいと思っています。銀行で住宅ローンが組めるでしょうか?」

当社に、こんな相談をされた借地人さんがいました。

金融機関により、住宅ローンの組める条件は異なりますが、借地人さんの経済状況によっても融資を受けられるか否かが違ってきます。

「それは銀行に相談されたほうがよろしいのでは……」

当社では返事のしようがなく、こう申し上げるしかありませんでした。

基本的なことを言えば、借地でもローンは組めます。ただ、底地に抵当権が付いているケースは要注意です。

「底地の抵当権が外れないと、住宅ローンは1000万円までしか組めません」

銀行から、こう言われないとも限らないからです。この場合、借地権を設定した時期と、抵当権が付いた時期のどちらが先かを判断材料にする銀行もあります。なかには、「借地人の**建物登記**が先で、地主の抵当権設定があとの場合、とくに問題としない」とする銀行もあります。そこで、ローンでの建替えを考えている

●**建物登記**
登記とは、私法上の権利を第三者に公示するために登記簿に記載すること。権利の保護、取引の安全のために行なわれる。建物の新築や建売住宅を購入した時は、工事完了後1ヵ月以内に表示登記をする必要がある。

借地人さんに、私どもは次のようにアドバイスしています。

「ローンを申し込む前に、底地が抵当に入っているかどうか、入っていれば現在の建物の建物登記のほうが先かあとかを調べておかれたほうがいいですよ」

もう一つ、借地契約期間にも留意されたほうがいいでしょう。

「借地契約が20年であれば、20年のローンしか組めません」

旧法での借地契約は、最短20年（非堅固）です。この最短期間で契約を更新した場合、銀行からこう言われる可能性があります。せっかく融資を受けられても、20年ローンでは返済が厳しいこともあります。

「住宅ローンでの建替えを考えています。今回の更新では、契約期間を30年にしていただけませんか」

もうすぐ更新があり、住宅ローンでの建替えを考えている場合、地主さんに契約期間の相談をしておくことも重要です。

借地で建替える場合でも、住宅ローンは可能です。細かい内容は銀行と相談されればよいと思いますが、底地に抵当権が付いている場合は複雑になります。契約更新が近ければ、余裕を持った返済期間を考えた契約期間にすることも大切です。

Question

10 借地権だけを銀行融資の担保にできるの？

借地人さんにとって、住宅の建替えや増改築以外に、お金が必要になることもあります。そういうとき、借地権を担保にできないかと考える方も少なくありません。ある借地人さんもそうした１人でした。

「銀行から融資を受けたいと思っているのですが、借地権は担保になるのでしょうか？　私が借りている土地の借地権割合は70％なのですが……」

こう切り出したあと、借地人さんは言葉を続けます。

「更地価格は８０００万円ですから、５６００万円の価値があります。４０００万円ほど融資を受けられるでしょうか？」

借地人さんは自分なりに計算されているようですが、そう簡単な話ではありません。確かに、借地権は法律で保護されています。また、借地権の売買も実際に行われていますし、借地権割合は更地価格の60％とか70％と評価されます。

借地権は価値の高い権利なのですが、現実問題として、借地権を担保にお金を借りることはなかなか難しいところがあります。

融資を難しくする理由は、どこに抵当権を設定するかの問題があるからです。

土地に設定できればいいのですが、地主さんが承諾するはずはありません。そうなると、抵当権が設定できるのは、借地上の建物に対してだけになります。

本来、日本の法律制度では、土地と建物は別々の不動産です。建物の抵当権の効力は土地に及ばないはずですが、抵当権の効力は借地権にも及ぶというのが判例です。

そこで、金融機関では、建物と借地権の双方をにらんで担保評価を行います。この場合、建物だけより評価が高くなりますが、抵当権を設定するのはあくまで建物だけです。

ただ現実の話として、金融機関は、建物を担保にした融資は渋る傾向が強く、借地権付き建物の担保価値を低く評価することがあります。

所有権の土地であれば、債務不履行になっても、抵当権の実行が比較的簡単です。しかし、借地権を含む建物の場合、債務不履行になると抵当権の実行が複雑になってしまいます。

また、借地上の建物を担保にする場合、金融機関から、地主さんの承諾書を要求されることもあります。地主さんにはこの承諾書を出したがらない傾向もあり、承諾書を出してくれる場合でも、承諾料を要求されるケースもあります。

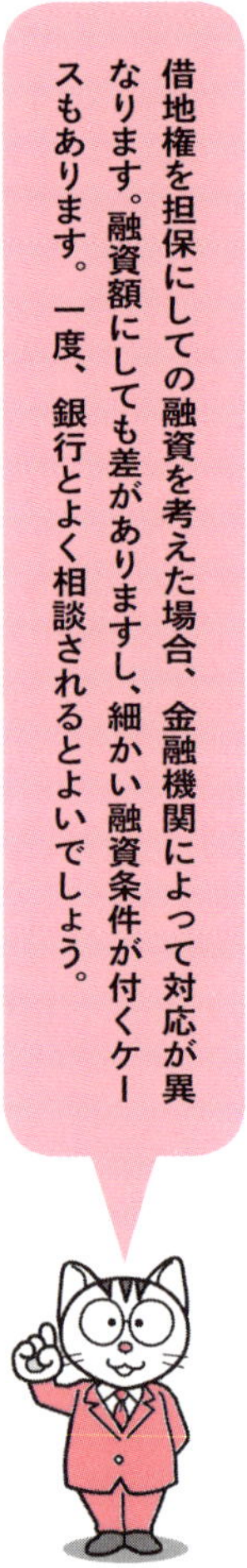
借地権を担保にしての融資を考えた場合、金融機関によって対応が異なります。融資額にしても差がありますし、細かい融資条件が付くケースもあります。一度、銀行とよく相談されるとよいでしょう。

Question

11

遺産分割協議が整う寸前、借地権が相続問題になった！　どうしよう？

ある借地人さんが亡くなり、兄弟3人で相続することになりました。この借地人さんはすでに奥さんを亡くしていて、**法定相続人**は兄弟3人です。

借地権のことで長男が当社に来社され、借地権についていろいろお話をさせていただきました。

「ええっ、借地権って売れるんですか？」

最初は驚かれていましたが、過去の経験から、私どもは単独での相続をお勧めしました。過去、共有名義にしたために整理がつかなくなり、泥沼化した例が多数あるからです。

「毎月3万円の地代を払って、借地権はオレが相続する。あとの財産を法定持分にしたがって相続しよう」

長男のこの発言に、他の2人の兄弟も異を唱えませんでした。

「毎月3万円もの地代は払いたくないし、あの借地を使うつもりもない」

これで借地の問題はすんなり終わるはずでした。

遺産分割協議書に全員が印鑑を押し、無事に協議が終わり、その後の食事の時、お酒が入ったこともあり、長男がポロッと口を滑らせます。

「借地権ってどうやら売れるらしいんだよ」

他の兄弟は、これを聞き逃しませんでした。

●**法定相続人**
民法に規定されている相続人のこと。具体的には、①被相続人の子②子が亡くなっているときはその孫③子や孫がいないときは、直系尊属父母④以上に該当しないときは、その兄弟姉妹⑤その他、養子に認められるケースもある。

さっそく、他の兄弟が当社を訪ねてこられました。

「どういうこと？　私たちにも説明してくれ」

中立の立場にある私どもはきちんと説明しました。

「確かに借地権は売ることもできます。いくらで売れるか、いま確約はできませんが、売ることはできます」

ただし、売却までに至る過程において発生する諸問題や、地代を支払う必要があることなど、デメリットについても説明しました。その結果、２人の兄弟も納得し、協議通り長男が単独で相続することで落ち着きました。


借地権は、遺産分割協議の対象財産になります。遺産分割協議では借地権も協議の対象にし、きちんと相続分を決定する必要があります。その際、単独相続をお勧めします。

Question

12 借地権を複数で相続したことがトラブルに！どうしよう？

第1章でもお話ししましたが、借地人さんに相続が発生し、相続人が複数の場合は要注意です。複数の人間が共有で借地権を相続すると、やがてトラブルが発生するケースが少なくないからです。

とくに、他に所有する不動産や有価証券（株式や債券など）などの財産がある場合が問題です。なぜならこうした場合、借地権の相続は優先順位が低くなる傾向があるからです。

前述しましたが、相続が発生すると、法定相続人が全員集まって遺産分割協議を行わなければなりません。

「オレは、所有権の土地を相続する」

「私は、預貯金を相続する」

「自分は株式を相続する」

いろいろな財産があった場合、遺産の分割ではこうした話し合いが持たれます。「借地権もあるけど、建替えには地主の承諾料も要るし、毎月、地代を払わなければならないんだ。面倒だな」などと、話し合いのなかで意見が出ると、借地権だけが相続の対象から取り残されることもあります。

最後には、「仕方がないから、兄弟全員の共有で相続しておこう」

こんな選択が行われることになりかねません。当初は問題もないかもしれませんが、将来相続人が1人亡くなり、2人亡くなったりすると、二次相続で借地権の共有者が増えて処理できない状態になりかねません。

たとえば、父親が亡くなり、Aさん、Bさん、Cさんの3人兄弟が共有で借地権を相続しましたが、やがてAさんとBさんが亡くなり、AさんとBさんには相続人がそれぞれ2人ずついて、結果としてCさんを含めて5人で借地権を持つことになりました。

Aさんの相続人の1人は借地権を売りたいが、もう1人は誰かに貸して家賃収入を得ようと言い出します。Bさんの相続人の1人はその土地に住むことを希望し、もう1人は処分してお金が欲しい……。

各人、自分の主張を一歩も譲りません。こうなると、専門家もお手上げです。話がまとまらず借地権の解決が宙に浮いたうえ、顔を合わせても気まずい空気が漂うばかりになってしまったのです。

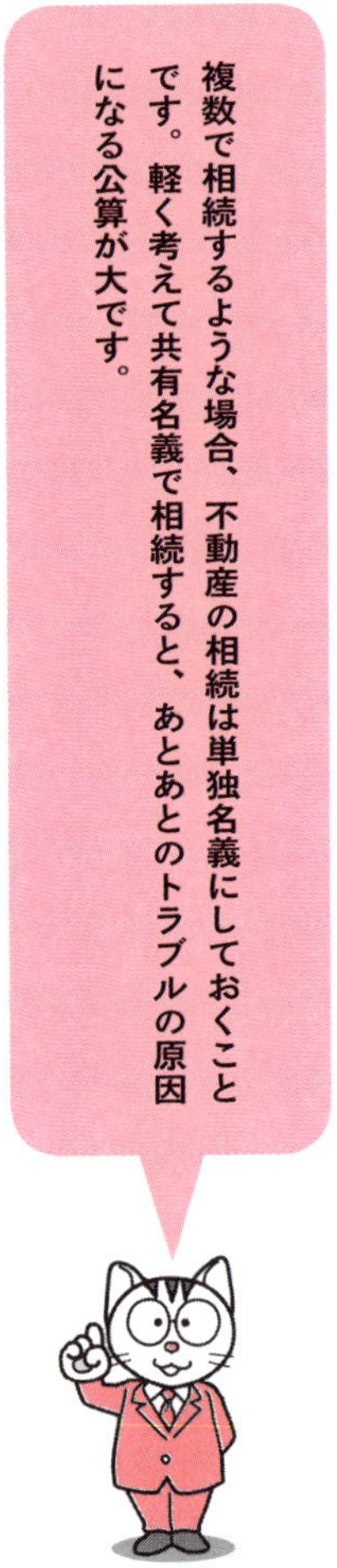
複数で相続するような場合、不動産の相続は単独名義にしておくことです。軽く考えて共有名義で相続すると、あとあとのトラブルの原因になる公算が大です。

コラム
COLUMN
3

法定相続人の範囲はここまである

[法定相続人]		[法定相続分]		
本人 妻 長男	配偶者と子	配偶者 子	1／2 1／2	妻 長男
父 母 本人 妻	配偶者と親	配偶者 親	2／3 1／3	妻 父 母
兄弟 姉妹 本人 妻	配偶者と兄弟姉妹	配偶者 兄弟姉妹	3／4 1／4	妻 兄弟 姉妹
本人 妻	配偶者のみ	配偶者	全部	妻
本人 妻（故人） 長男	子のみ	子	全部	長男
父 母 本人	親のみ	親	全部	父 母
兄弟 姉妹 本人	兄弟姉妹のみ	兄弟姉妹	全部	兄弟 姉妹

- 子には孫などの、兄弟姉妹には甥，姪の代襲相続人を含む。
- 両親とも死亡している場合は、祖父母を含む。
- 子、親、兄弟姉妹など同順位の相続人が複数いる場合は、人数で均等に割る。
- 非嫡出子（結婚外の認知の子）の相続分は、嫡出子の相続分の1/2となる。
- 半血（異父母）の兄弟姉妹の相続分は、全血の兄弟姉妹の相続分の1/2となる。

『あなたの相続、備えは充分ですか？』(現代書林)より作成

待ち合わせ
とりあえず
ハチ公前
お決まりコース
ゴメン
スポーツ
とりあえず
ランニング
ウォーミングアップ
居酒屋
とりあえず
ビール
イエ～
相続
とりあえず
共有
それはダメ！

Question

13

建物を相続人の共有名義にしたいけれど、何か問題はあるの？

共有名義での借地相続はトラブルの火種――。

このことはよく理解していただけたと思いますが、借地人さんに相続が発生した場合、借地や現預金、有価証券、美術・骨董品などのほか、借地上に建てられた建物も相続財産となります。

複数の相続人がいる場合、有価証券など換金できるものは換金したり、その価値に応じて分配して相続します。また、現預金のように分配できるものは分配して相続しますが、建物は分配できません。さらに、その建物に住んでいる相続人がいれば、売却して代金を分け合うこともできません。

そこで、妥協の産物として、建物を相続人全員の共有名義にするケースがあります。借地同様、建物を共有名義にすると、あとあと大変な問題に発展しかねません。まず、時間の経過とともに世代交代が起こり、共有不動産の関係者が分散していきます。人数が増えていくのが一般的ですが、世代交代が繰り返されると人間関係も希薄になっていきます。次第に自分の権利だけを勝手に主張するようになります。

また、共有名義者全員の同意がなければ、共有不動産は売却や建替えもできません。地主さんの建替え承諾はもらったものの、共有名義者全員の賛同が得られない場合もあります。建替えの話が進まないまま建物が**朽廃**《きゅうはい》すれば、借地人さん

●**朽廃**《きゅうはい》
建物が、自然の推移によって、社会的経済的にその効用を失う程度にまで損壊、腐食してしまった状態。

の借地権は消滅します。

さらに、共有名義者には、固定資産税などの税金の納付義務があります。他の共有名義者が支払わない場合は、一人で全額支払うことにもなります。

「そんなに大変なら、共有名義をやめて、誰か1人に持分をあげて建物を単独名義にしよう」

一度共有名義にしたあと、共有名義で相続した人たちでこう相談がまとまったとしましょう。一見するとこれで解決できそうに思われますが、こうしたケースでは贈与税がかかってきます。

「持分をあげるのではなく、売買で解決しよう」

こうした考え方もあるでしょうが、買う側には資金調達の問題が起こり、売る側は譲渡所得税がかかってきます。さらに、親族間売買になり、売買価額も問題になります。相手のことを考えて価額をあまりに安くした場合、妥当な価額との差額分が贈与に問われることもあります。

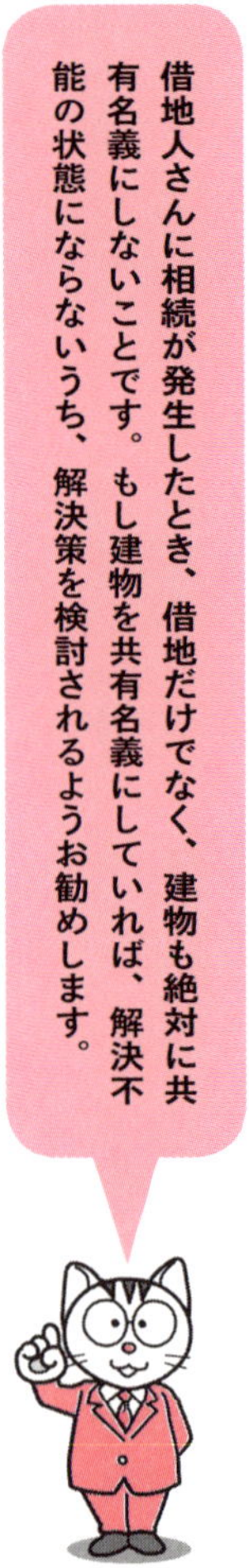
借地人さんに相続が発生したとき、借地だけでなく、建物も絶対に共有名義にしないことです。もし建物を共有名義にしていれば、解決不能の状態にならないうち、解決策を検討されるようお勧めします。

Question

14 相続のあと建物や借地の名義変更をすると、地主さんに伝えなければいけないの？

ボクのコスプレ趣味
地主さんに伝えるべきかな？
イヤ別にイイと思います
変身する時承諾料必要かな？
いらないと思います
じゃ、名義変更も知らせなくてもイイや…
そこは相談して下さい！

借地人さんに相続が発生すると、相続人は建物や借地の名義変更をします。この際、名義は共有にせず、単独にすることです。何度も述べているように、共有名義の相続はあとあとトラブルの種になるからです。

「相続が発生して名義変更をしましたが、地主さんに何か言わなければならないのでしょうか？」

相続に関する名義変更について、借地人さんからよくこんな質問を受けます。実際には、地主さんに伝える必要はありませんし、借地契約を相続人の名前で新しく結ぶ必要もありません。

ただし、あとあとのトラブルを未然に防ぐために、借地人が変わった旨を地主さんにきちんと伝えておいたほうが良いでしょう。その伝え方も口頭ではなく、借地名義人が変わったというお互いの合意を書面にしておくことをお勧めします。いわば「相続合意書」とか「名義変更の覚書」といった書面になります。これらの文書を作成しておけば、名義変更のトラブルは防げます。

「借地人の名義が変わるから、名義変更の承諾料が必要になるの？」

借地人さんのなかには、こう思われる方がいるかもしれません。また、「名義変更の承諾料を支払ってください」と言う地主さんがいるかもしれません。

地主さんから名義変更の承諾料請求があっても、基本的には、相続にともなう名義変更の承諾料を支払う義務はありません。これを知らないため、地主さんからの名義変更の承諾料の申し出に応じてしまう借地人さんも少なくありません。

前述したように、相続で名義変更をしても、借地契約書を新しくつくり直す必要はありません。ただし、銀行などで融資を受ける必要が起きた場合、借地契約書が旧名義人のままでは融資が実行されないケースもあります。

実際に、建物の名義は変更されているが、契約書の名義が前のままであったため融資が受けられないケースがありました。その時は、「契約書の名義をきちんと変更できれば融資はＯＫ」という金融機関の判断があったことで、契約書の名義変更を行って無事融資が実行されています。地主さんには名義変更の承諾料ではなく、名義変更に必要な印鑑証明代を手数料として支払っています（いわゆるハンコ代です）。

ただし、今の話は借地人さんに相続が発生した場合です。相続が発生していないのに借地や建物の名義変更を行う場合、名義変更の承諾料が発生します。

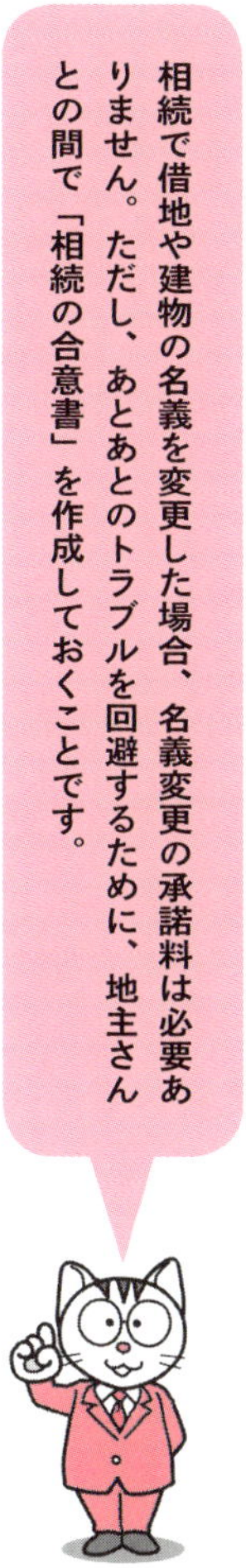
相続で借地や建物の名義を変更した場合、名義変更の承諾料は必要ありません。ただし、あとあとのトラブルを回避するために、地主さんとの間で「相続の合意書」を作成しておくことです。

コラム
COLUMN
4

相続財産にはこんなものが含まれる

相続では財産の相続が行われ、協議の上で財産の分割が行われます。対象になる財産は「動産」と「不動産」、それに「金融資産」など、換金性のあるもの、経済的価値のあるものすべてです。また、家族が受け取る生命保険金や死亡退職金なども対象になります。

不動産には土地と建物がありますが、借地権と所有権を比べると、どうしても所有権のほうに目がいきます。借地権は地代の支払いや更新料、名義変更承諾料、建替え承諾料といった支出が必要なためですが、借地権もなかなか価値の高い相続財産なのです。

相続財産は、必ずしもプラスの財産（積極財産）ばかりとは限りません。土地、建物などはプラスの財産ですが、購入する際に銀行でローンを組むこともあります。ローンはマイナスの財産（負債＝消極財産）になりますが、これも相続財産です。その他の借入も、マイナス財産として相続されます。

相続税の申告納付期限は、原則として相続が発生した日の翌日から10ヵ月以内です。相続税の納付は現金での一括入金が原則ですが、現金での支払いが困難な場合は、細かい条件はあるものの、物納や延納という形での納付が認められています。

相続人はプラスの財産だけを相続し、マイナスの財産の相続は避けたい気持ちが働きます。マイナスの財産があまりに大きい場合、相続してもメリットがないようなケースもあります。そうした場合は相続を放棄することもあるでしょうし、一部分を相続する手続きを取ることもあります。これらの手続きは、自己のために相続の開始があったことを知ったときから3ヵ月以内に行わなければなりません。

第3章

借地人さんのトラブル解決事例

Question

1

借地権を売りたいが……。どうすればいい？

これ一億円で買ってください
高すぎるよォ安くして
借地権
ダメ！一億以下ではゼッタイ売らない！
じゃあいりませんよォ
ぶ～
借地権
欲ばりすぎず歩み寄るほうが得ですよ
フンッ

この第3章から、借地権の具体的な相談内容と解決策の話に入りたいと思います。たとえば、借地権割合70％の住宅地域で、借地人さんが１００坪の土地を借りていたとします。更地の坪単価が２００万円とすると、借地権の価格は次のように計算されます。

２００万円（坪単価）×１００坪×０・7＝1億４０００万円

そこで、借地人さんは、「1億４０００万円程度で売れるのでは」と計算します。

「借地権価格は1億４０００万円ですから、この価格で買い取ってもらいたい」

借地人さんは、地主さんに申し出ます。

地主さんの反応は、次の通りでした。

「それはおかしい。底地が30％と誰が決めた。もし私がその底地を売ろうと言ったら、２００万円×１００坪×０・３で６０００万円だ。納得いかない」

借地人さんが1億４０００万円に固執すれば、この話はまずまとまりません。

こうした場合、私どもは五分五分の提案をすることがあります。

私どもが五分五分の提案をする理由は、もし借地人さんが第三者へ売却することを考えても、希望の1億４０００万円で売却できる可能性が低いこと、地主さんへの譲渡承諾料などを支払うと、手取りが少なくなるからです。

また、第三者の買主が現れても、地主さんが承諾しない場合、借地非訟手続きをして時間と費用をかけても、借地人さんにそれほどのメリットがないことはすでに述べました。

どうしても70％の割合にこだわった借地人さんは、「最初から五分五分でやっておけばよかった」と言われるケースがあります。結論は、五分五分で地主さんに気持ちよく借地権を買ってもらうことが最善策であることが少なくありません。

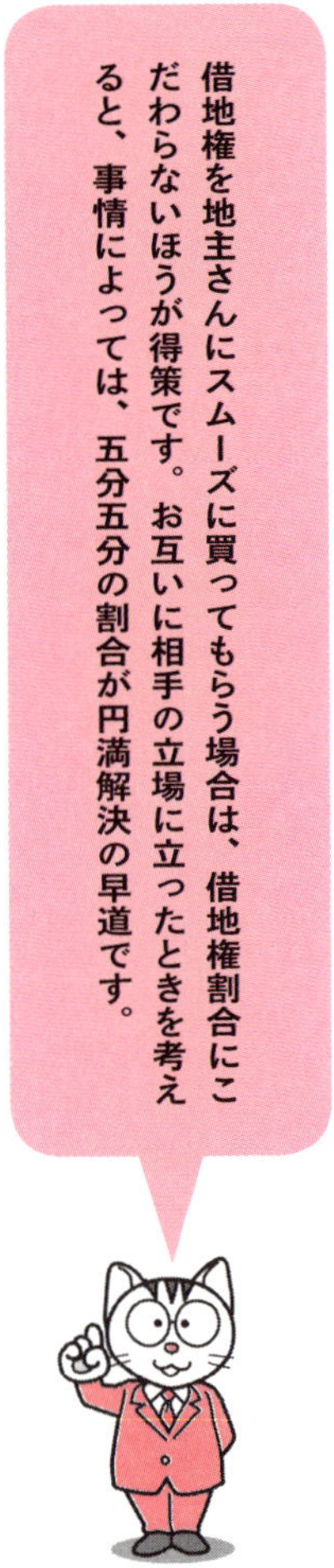
借地権を地主さんにスムーズに買ってもらう場合は、借地権割合にこだわらないほうが得策です。お互いに相手の立場に立ったときを考えると、事情によっては、五分五分の割合が円満解決の早道です。

Question

2

誰も使っていない借地と建物。何とかしたいが……。

「いままで、借地に建てた家に父親が1人で住んでいました。父が亡くなってからは誰も住まないのに、地代は払い続けてきました。そろそろ借地と家を何とかしたい」

当社に、こんな相談をされた借地人さんもいます。

こうした相談を受けると、当社では、まず借地人さんの意向を確かめます。

「あなたは、借地と家をどうされたいのですか？」

こう質問させていただくと、借地人さんに「何とかしたい」という気持ちはあっても、具体的に「こうしたい」という要望がないことがあります。

借地権の対応は、いくつかの選択肢があります。

①地主さんに借地権を売る
②第三者に借地権を売る
③借地権と底地を等価交換する
④底地を買い取って所有権にする
⑤建物をアパートなどに建替え、第三者に貸す

借地人さんの気持ちがこの①~⑤のどれかに該当すれば、次に、地主さんの意向を確認します。

借地権を売るケースであれば、ほとんどの場合、地主さんが「価格によっては

買ってもいいですよ」と言われます。借地権を取りもどす絶好のチャンスだからです。

地主さんの中には、「第三者に売ってもらってもいい」と言う人もいます。お寺が地主さんの場合「うちは地代収入が欲しいので、現況のまま誰か買ってもいいと言う人がいれば、第三者に売ってもらっていい」と言うことがあります。

借地権を買いたいが、地主さんに手元資金がないような場合、③の等価交換もよく行われます。等価交換を行うと、借地権割合や話し合いの結果、双方が土地を分割して所有権になります。

④の底地を買いたい場合ですが、地主さんが底地を手放すケースはあまりありません。「底地を売ってもいい」と言われたら、借地人さんは非常に幸運だと思います。

最後の⑤ですが、この場合は地主さんの建替え承諾が必要であり、承諾料も発生します。当然ですが、建築費用は借地人さんの負担になります。

「借地と建物を何とかしたい」という場合、「どのようにしたいのか」をハッキリさせることです。借地人さんの目的が決まらないと、地主さんも、仲介に入った第三者も判断のしようがありません。

Question

3

底地を買って所有権にしたいが……。

借地暮らしもアキてきた…
底地を買い取れば土地所有できるなァ…
底地売って♡
…
地
…
……
地
ダメ
ガクッ
やっぱり…
地

借地暮らしにピリオドを打ち、金融機関から融資を受けて底地を購入したいという借地人さんもいます。都内在住の借地人さんから、「できれば底地を買い取って、所有権にして自由に建物を建替えたい」という相談がありました。

私どもは、

「地主さんが底地を売るケースは、まずありません。地主さんが底地を売るのは、相続などの特別な事情があってお金が必要なときだけです。地主さんに話をしてみますが、あまり期待はしないほうがいいですよ」

と借地人さんに話したうえで、地主さんにその意思を伝えました。地主さんの返事は、想像したとおり「ノー」でした。そこで、私どもは、借地人さんに次の提案をしました。

「借地権と底地の等価交換はいかがですか？」

借地権と底地の等価交換となると、借地人さんの使える土地は狭くなりますが、土地の所有権が持てます。この等価交換を地主さんに提案しましたが、これも「ノー」でした。そこで、私どもは、借地人さんに第三の提案をしました。

「土地の所有権を望まれ、そして、この土地にいなければならない理由がないのなら、借地権を地主さんか第三者に売って、他の土地を所有する方法もあります。所有権であれば、住宅ローンも借りやすくなりますが……」

その結果、借地人さんの返事は、「いまの土地に固執しない。引っ越してもいいよ」というものでした。

等価交換はできない（したくない）が、借地権を自分が買い取ったり、第三者への売却はOKという地主さんもいます。この地主さんの場合、自分は買い取らないが、第三者への売却を承諾されました。

その後、当社の仲介で、第三者に借地権が譲渡され、借地権を売ったお金を資金に、借地人さんは郊外に以前より広い土地を取得し、住宅ローンを組んで新築住宅で快適に暮らしています。

このケースでは借地人さんは底地を購入できませんでしたが、底地を購入すると、印紙税や不動産取得税、登録免許税などがかかります。印紙税は金額に応じて異なり、不動産取得税と登録免許税は「固定資産税評価額×税率」で計算されます。業者の仲介があれば、仲介手数料（3％＋α程度）も必要になります。

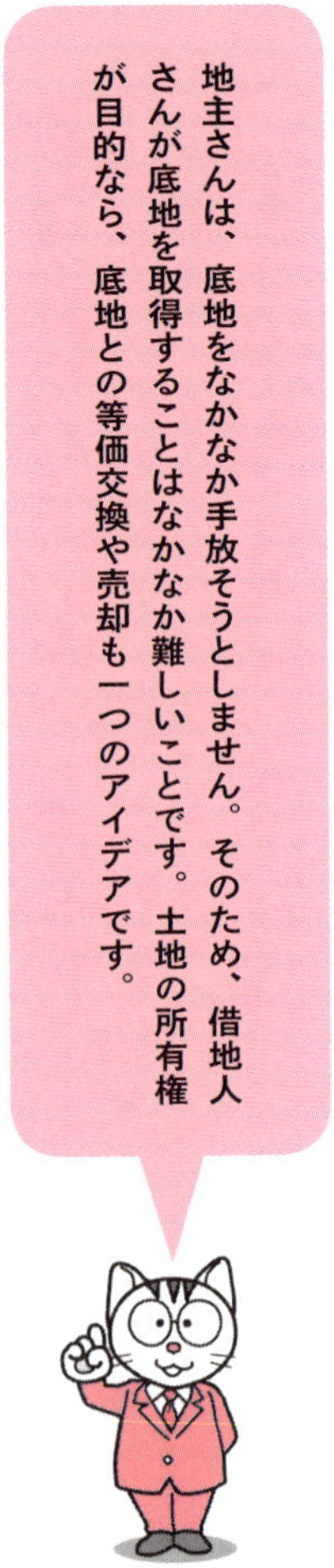
地主さんは、底地をなかなか手放そうとしません。そのため、借地人さんが底地を取得することはなかなか難しいことです。土地の所有権が目的なら、底地との等価交換や売却も一つのアイデアです。

コラム
COLUMN

5

居住用財産を売ったときの税の特例は？

建物付き借地権を売った場合、借地人には譲渡税がかかります。しかし、居住用の財産を売った場合、特例が利用できます。

まず、「3000万円の住宅特別控除」です。

居住用の財産を売った場合、売却代金から「取得費＋譲渡費用」を引いたものが譲渡所得になります。この譲渡所得から3000万円を上限として引き、残った分についてだけ税金がかかってきます。これが、3000万円の住宅特別控除です。

譲渡所得が3000万円以下であれば、譲渡税はゼロ。3000万円を超えた場合、その超えた部分に対してのみ20％の譲渡税がかかってきます。

旧法時代に取得した借地権であれば、所有期間は10年を超えています。この場合、一定条件を満たせば、3000万円の住宅特別控除の他に、さらに税率が軽減される特例があります。

①譲渡所得6000万円以下の場合

税額は（譲渡額－3000万円）×14％

②譲渡所得6000万円を超える場合

税額は6000万円を超える部分×20％

たとえば、譲渡所得が5000万円の場合、（5000万円－3000万円）×14％で、税金は280万円になります。

8000万円の場合は、280万円＋（8000万円－6000万円）×20％で、税金は680万円になります。

ただし、3000万円の住宅特別控除の適用には条件があります。税金について素人判断は禁物です。細かいポイントは税理士なり司法書士なり、税務の専門スタッフを抱えている不動産業者などとよく相談されることが賢明です。

Question

4

借地権を処分したいが、契約書も建物の権利書もなくしてしまった！

「借地権を処分したいが、どんな書類が必要なのでしょうか?」

ある借地人さんから、相談の電話がかかってきました。

借地人さんが借地権の処分を考えられた場合、①借地契約書、②地代を払っていることを証明できる書類、③借地の上に建てられた借地人さん名義の建物の権利書(登記済証)の3点セットが必要です。

ただし、借地契約書をなくした借地人さんや建物の権利書をどこかにやってしまった借地人さんもいます。相談者の借地人さんがこのケースでした。

「やはりそうですか……。借地契約書を探したけど、見つからなかった。どこかにまぎれたか、間違って処分してしまったかもしれない。このままでは借地が処分できないのでは……」

電話の声は、落胆したものでした。しかし、次のひと言で、借地人さんの声に明るさがもどりました。

「借地契約書がなくても、権利書がなくても、借地権は保全できます。借地権を売ることもできます」

この話をすると、借地人さんの方々は一様にホッとされます。驚かれるかもしれませんが、借地権は、基本的に次の2つのことさえ証明できれば保全できるのです。

①地代を払っている事実
②借地の上に建っている建物が借地人さんの名義で登記されていること

地代を払っているということは、貸借関係のあることの証明です。

「地代を払っている事実」は、証明が簡単です。地代を払えば必ず領収書（振り込みの通知書でもＯＫ）がもらえますから、その領収書さえあればすぐに証明できるからです。

問題は、建物の登記です。建物の登記があるかどうかは、法務局に行けば調べられます。建物の登記がきちんと行われていれば、建物登記に関する問題はクリアされます。

この借地人さんのケースでは、幸い借地人さん名義の建物登記がされていました。建物登記がなければ、早急に、借地人さん名義で建物所有権の登記をしましょう。登記がなければ借地権が処分できないばかりか、地主さんが第三者に底地を売った場合、第三者に対抗できない事態になってしまいます。

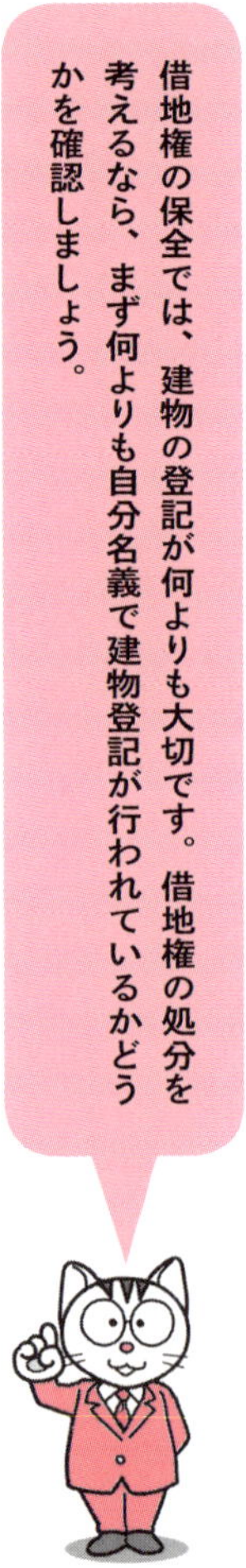
借地権の保全では、建物の登記が何よりも大切です。借地権の処分を考えるなら、まず何よりも自分名義で建物登記が行われているかどうかを確認しましょう。

コラム
COLUMN
6

借地期間が不明な場合、起算日はどうするのか？

日本もかなり契約社会になり、現在の借地契約では、契約書のないケースはまず考えられません。

しかし、最初に土地の貸借が行われたとき、「土地を貸してほしい」「ああ、使っていいよ」といった感じで借地関係が始まったことも少なくありません。書面をつくるといっても、メモ程度のものですませたケースも昔はかなりありました。

契約書がないまま借地人も地主も相続で代が替わると、更新や残存期間をめぐるトラブルも考えられます。そこで、新たに契約書をつくろうということになりますが、この際、借地契約のスタートした時期が重要なポイントになります。

借地契約のスタート時が分からないと、新しい契約書がつくれません。どこかに手がかりになるような記録があれば参考になりますが、記録などがまったくない場合もあります。こうした場合、次のような方法で起算日を決め、そこから残存期間などを決めるとよいでしょう。

①借地人の建物登記簿に記載された建築の日、または取得の日。建替えが行われていれば、以前の建物の閉鎖謄本や請負契約書などを参考にします。

②借地人やその親などがそこの住民になった日。住民票や戸籍謄本などを見れば、その日が確定できます。

③当時の事情を知っている近所の人に聞く。当然ですが、地主と借地人双方とも信頼している人を選ぶ必要があります。

①～③の方法で合意を見ない場合、残る方法は、新たな契約日を起算日としてスタートさせることになります。

大変だ！登記がされてない！
まあ落ちついて
すぐに調べてみて
ニャ！
ニャ！
ぴょ〜ん……
登記と現況が違っても絶望することはありませんなぜなら
大丈夫でした！
早かったね
ホッ

Question

5

借地権を売ろうとしたら、建物登記と現況が違っていたが……。

ある借地人さんから、「借地権を売りたいのだが……」と、当社に相談がありました。お話を聞くと、地代の領収書はあるが、借地契約書も建物の権利書もないと言います。

「この場合、建物の登記がキーポイントになります。建物が登記されているかどうかは、**法務局**に行けば調べられます。法務局で調べていただけませんか」

数日後、借地人さんが、青い顔をして当社に飛び込んできました。

「いまの地番に建物登記がされていない！　困ったことになってしまった」

借地人さんは肩をがっくり落とし、うなだれます。

こんな場合でも、実は登記されているケースがあります。よく調べてみましょう。

借地人さんから詳しく話を聞くと、建物が建っている現在の地番は「1－1」でした。建物の登記を調べると、「1－3」になっていたのです。

「この建物は私のものだと思うんですが、証明できるんでしょうか？」

不安そうな顔をして、借地人さんは私どもに尋ねられます。

こうしたことが起きる理由に、**分筆と合筆**が考えられます。

最初に「1－1」だった土地が次々に分筆されて行く過程で、「1－1」「1－2」「1－3」となります。その「1－3」になったとき、その建物が登記され

●**法務局**
法務省の地方支分部局の一つ。法務省の事務のうち、登記、戸籍、公証などの事務を処理する。法務局（全国８か所）、地方法務局（全国42か所）、支局（全国287か所）、出張所（全国297か所）の区別がある。

●**分筆・合筆**
分筆は、法的に一筆の土地を数筆の土地に分割すること。その逆に、合筆とは、隣接する数筆の土地を法的に一筆の土地に合体すること。それぞれ、登記所に申請することによって行なう。

たと考えられるのです。その後、再び合筆して「1－1」となり、現在の建物が「1－1」という地番に建っているという現象が考えられるのです。

「借りている地番と建物登記の地番が異なったとしても、すぐにあきらめる必要はありません。地番の変遷をたどれば、登記が証明できます」

私どもの話を聞かれ、借地人さんはホッとされたようでした。ただ、こうした追跡調査は非常に煩雑で、専門の業者に任せたほうが確実です。

この方の場合、借地権売買の交渉といっさいの手続きを当社に任されました。当社の追跡調査で、「1－3」に登記されている建物の所有者であることが証明され、無事に借地権を売ることができました。

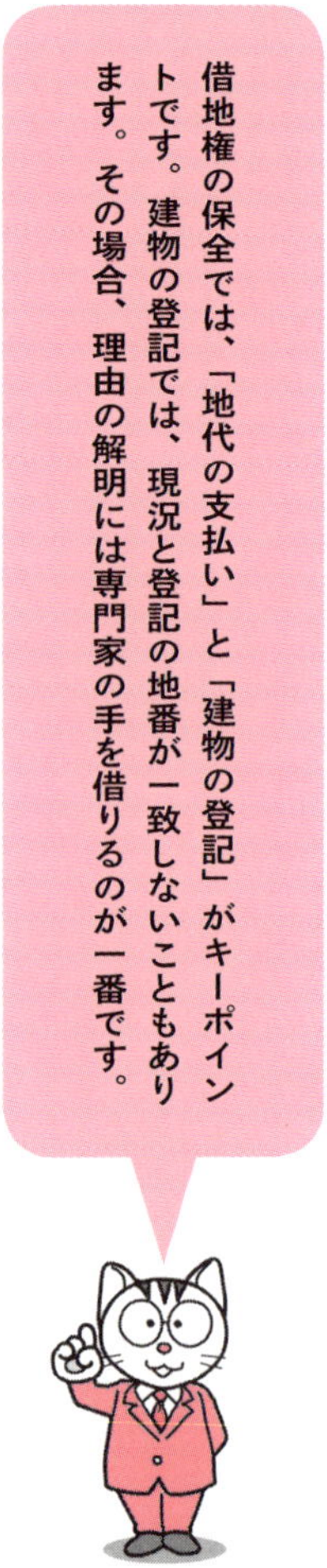
借地権の保全では、「地代の支払い」と「建物の登記」がキーポイントです。建物の登記では、現況と登記の地番が一致しないこともあります。その場合、理由の解明には専門家の手を借りるのが一番です。

Question

6

広すぎる借地。借地権と底地の交換で建替えしたいが……。

都内在住のある借地人さんは、父親が亡くなり、借地約100坪の居住用建物を相続しました。ただその建物は築40年とかなり古く、建替えを決意した借地人さんから当社に相談がありました。

「建替えようと思うけど、どう地主さんと交渉していいか分からない。間に入って、地主さんと交渉してもらえないだろうか?」

借地人さんからこう相談を受けた私どもは、地主さんに連絡を取り、借地人さんの建替え希望を伝えました。一般的には、建替え内諾をしてくれて、建替え承諾料の話になります。

借地人さんの建替え希望を伝えても、なぜか地主さんは考え込んでいます。

実は、この底地の地主さんは1人ではありませんでした。先に父親が亡くなったとき、弟と2人の共有で相続していたのです。

「建替えの希望は分かったけど、弟と相談してみる」

こう言われてしばらく待つと、地主さんから、次のような返事がきました。

「うちとしては、借地を返してもらいたいと思う。そのうえで土地を処分したい」

こうなると、地主さん側が底地を借地人さんに売る方法もあります。私どもは、借地人さんが底地を手に入れるチャンスはそうありません。私どもは、借地人さんに底地の買取りを打診しましたが、借地人さんはそれほど広い土地は不要だと言います。「半分の50坪もあれば十分」とのことです。

そこで、当社は両者に次のような提案をしました。

「地主さん側から底地の半分の50坪を借地人さんに、借地人さんは50坪の借地権を地主さんに返還してはどうですか。つまり交換です」

これが実現すると、借地人さんは50坪の所有権者になり、その土地に自由に建物を建築できます。地主さんも50坪の所有権者になり、自由に処分できます。

双方とも、当社の提案に二つ返事で賛成されました。話はとんとん拍子にまとまり、相談から約２週間後には契約が交わされました。

「ここまでやってもらったから、お宅が土地売却の仲介をしてくれませんか？」

交換契約が成立したあと、地主さんからこう申し出があり、当社が仲介してその土地を売却し、２人の地主さんがその売却代金を分け合うことになりました。

一方の借地人さんも、交換特例で非課税となり、50坪の土地に住宅ローンを組んで、念願の建替えがかないました。

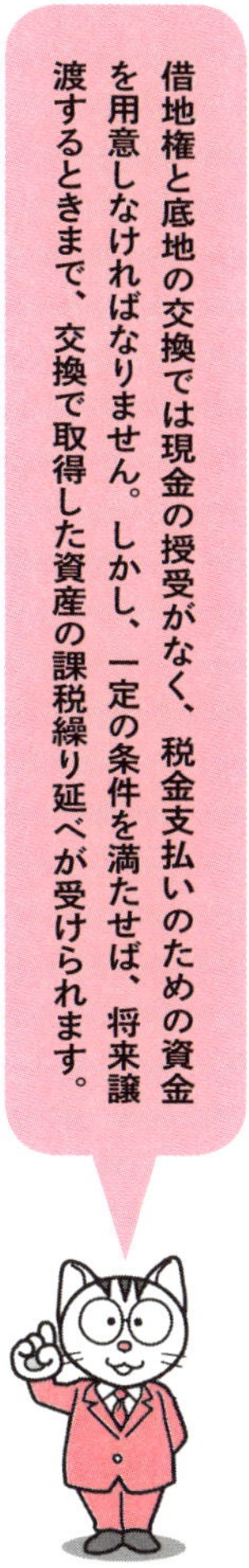
借地権と底地の交換では現金の授受がなく、税金支払いのための資金を用意しなければなりません。しかし、一定の条件を満たせば、将来譲渡するときまで、交換で取得した資産の課税繰り延べが受けられます。

コラム
COLUMN
7

居住用財産を売ったときの買換え特例は?

借地権を売ると、居住用の財産も売却することになります。借地人としては新たに住むところが必要になり、住居を購入することになります。この場合、売却金額と新居の買換え金額が同じなら譲渡税はかかりません。

売却金額より新しく購入した住宅のほうが高かった場合、やはり譲渡税は課税されません。逆の場合は、その差額についてのみ譲渡税がかかります。これが「居住用財産の買換え特例」です。

買換え特例の適用を受けるには、いくつかの要件があります。

まず、借地権と建物の両方を、譲渡する年の1月1日時点で10年を超えて所有していなければならないことです。

旧法時代に取得した借地権であれば10年を超えていますが、建替えなどで建物が10年を超えていないような場合、適用が受けられません。ただし、増築や改造はかまいません。

また、買換え期間は、譲渡した日の翌年の12月31日までとなっています。「居住用に購入する住宅であり、売却して何年も買わないことはあり得ない」という考え方に立つからです。

居住用の財産を売った場合、譲渡所得には「3000万円の住宅特別控除」がありました。譲渡所得が3000万円以下の場合は譲渡税がゼロ、3000万円を超えた分にだけ20%の譲渡税がかかってくる税の特別控除です。

買換え特例で注意すべき点は、「3000万円の特別控除」と、この特例を同時に受けることはできないということです。買換えでは、この点にぜひ注意してください。

Question

7

借地権買取りをOKしたのに、地主さんから次の話がないが……。

連絡は代理人がします
代
わかりました
イライラ
いつまでたっても代理人から連絡がこない
もう一度連絡するとその連絡があってその連絡を待っているところなので連絡できないと連絡してください
代
…
ちゃんと調整できるプロが必要だな…
イラッ

借地権の買取りでは、実にさまざまなケースがあります。ある借地人さんから、当社にこんな相談がありました。

「借地権を地主さんに買い取ってもらう話をしたら、地主から『私ではなく、代理人を立てるから……。2～3日うちに、代理人の不動産会社のほうから電話させるから』と言われて待っているのに、2週間以上も電話がかかってこない」

話しているうちに、借地人さんは次第に興奮してきます。

「あの地主は前からそんなことがよくあった。本当にひどい人間だ」

苦々しそうに、借地人さんは言い放ちます。

すぐに、その地主さんに連絡を取ると、応対はこうでした。

「えっ、まだかけてないですか？　それは失礼しました。不動産会社には、私のほうから再度言っておきますから……」

ちょっと応対に疑問があり、その不動産会社の電話番号を聞きました。

「私どものほうから、連絡を取らせてもらいます。不動産会社の社名と電話番号、それに担当者の名前を教えていただけますか？」

教えられた電話番号に早速連絡すると、

「何で、そちらから直接電話がきたんですか？」

「借地人さんから、『2～3日のうちに、お宅のほうから電話があると言われたのに、２週間経っても連絡がこない』と相談がありまして……」

「いえ、地主さんが、『あとでもう一度連絡するから、そのときにお願いします』って言っていたので、私のほうも、地主さんからの電話を待っている状態なんです……」

なぜ連絡が取れないかの理由を地主さんにうかがうと、「相続の際、兄弟４人の共有で相続しているので、なかなか調整ができなくて」とのことでした。

借地人さんが借地権の買取りを求めた人と、もう２人は買取りＯＫだったのですが、１人が買取りに難色を示していたのです。その調整に手間取ったあげく意見がまとまらず、代理人の不動産会社への連絡が遅れていたのでした。

結局、このケースは当社が借地人さんの代理人になり、買取りに難色を示していた１人とも交渉がまとまり、借地権の譲渡は無事完了しました。

すんなり運びそうな借地権の譲渡でも、地主さん側に調整が必要な場合もあります。感情に走る前に、プロへの相談をお勧めします。プロであれば背景を調査し、解決への道順を示すことができます。

Question

8

借地権の買取りに、不動産会社を間に入れたけれど、なかなか進捗しないが……。

借地人さんにしても、地主さんにしても、不動産会社を借地のプロと考えている方が少なくありません。しかし、どの不動産会社も借地のプロと呼べるかというと、そうではないのが現状です。

当社に、また別の借地人さんが相談に見えました。

「誰も使っていない借地権付き建物があります。不動産会社に、地主さんへ借地権を売ることを任せたのですが、なかなかはかどりません。どうしたらいいのでしょうか?」

もう少し詳しく話をお聞きすると、事情はこうなっていました。

3年ほど前、地主さんから借地権の買取り打診があり、当時、借地人さんのご両親は健在で、そのときは買取りを断っていたのです。

それから1年後、借地人さんのご両親が相次いで亡くなり、借地人さんは借地権の処分を考え、地代の支払いのときに、地主さんにその旨を伝えたのでした。

地主さんも借地権の買取りを了解し、代理人としてある不動産会社を立てたのでした。借地の知識のない借地人さんも、知人の不動産会社を自分の代理人に立て、地主さんの代理人との交渉を任せたのです。

普通であれば、こじれることなく解決しますが、双方の不動産会社は借地対応の知識が乏しく、現実は、話がまったく進まなくなってしまっていたのです。

特に問題だったのは、借地人さんが立てた代理人でした。この代理人は借地権譲渡がどう進むかをまったく知らなかったのです。あまり話が進まないことに業を煮やした借地人さんが、当社に相談に見えたのでした。

借地人さんは、しばらくその不動産会社に任せていましたが、なかなか話が進展しないので、ついにその不動産会社との委任契約を解除し、当社に借地権譲渡の交渉を委任されました。

私どもは、地主さんにお話をうかがいに行くと、地主さんは、「私は借地権を買い取ろうと思い、代理人も立て、借地人さんも代理人を立ててきたが、その代理人の不動産会社は何もしていなかったのかい？」との返事。

あとで調べて分かったことですが、地主さんの代理人はきちんと路線価を計算し、借地権の買取り価格を提示していました。一方、借地権譲渡の実際を知らない借地人さんの代理人は、借地人さんにこんな話をしていたのです。

「この土地の更地価格は1億円で、借地権割合は70%。だから、7000万円で売れます。この線を崩さないで行きましょう」

実は、この不動産会社の目的は、少しでも高く売って少しでも多くの仲介手数料をもらいたいと考えていたのです。

この借地権を譲渡すると、不動産会社には「3%＋6万円」の仲介手数料（消費税別途）が入ります。少しでも多く手数料を得たいために、7000万円の線に固執したので、交渉が暗礁に乗り上げてしまっていたのです。

交渉がまったく進まなくなっていたとしても、きちんと報告がされていればよかったのですが、どちらの代理人も報告を怠っていた事実が判明しました。

「あの地主は誠意がない」

「借地人は何を考えてるんだ」

報告がないと、地主さんも借地人さんも事情が分からず、双方が疑心暗鬼になり、相互不信の状態をつくり出してしまったのでした。

この間の事情を地主さんにお話すると、地主さんも納得され、その後の交渉で無事に金額の折り合いもつき、借地人さんの借地権譲渡は終わりました。

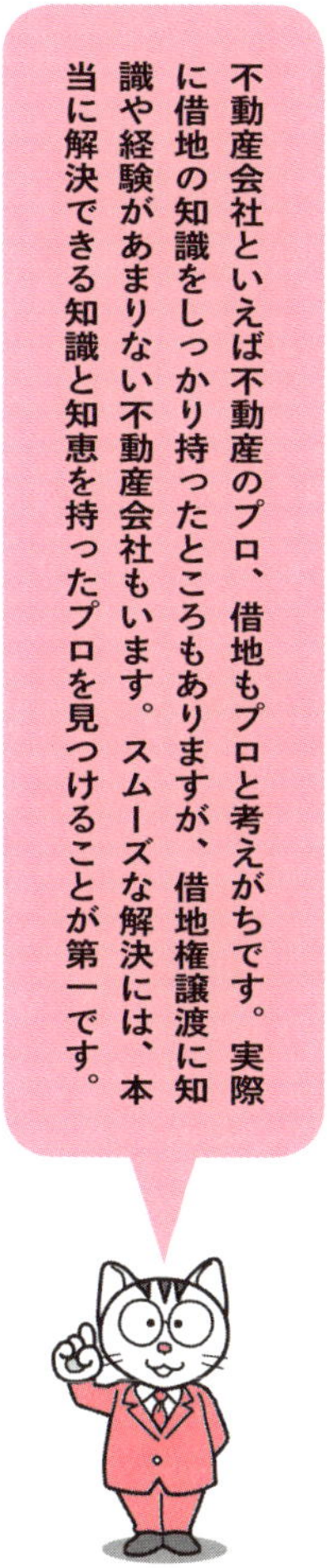
不動産会社といえば不動産のプロ、借地もプロと考えがちです。実際に借地の知識をしっかり持ったところもありますが、借地権譲渡に知識や経験があまりない不動産会社もいます。スムーズな解決には、本当に解決できる知識と知恵を持ったプロを見つけることが第一です。

Question

9

地主さんから「底地を買ってほしい」と言われたら、千載一遇のチャンス

3000万のものを5000万で買う!
エッ!ソンじゃないの?
それが
大いに得なのだ!
じゃあこの300円のお弁当500円で買って
そりゃできません
しかも食べかけ…

当社には、底地を売りたい地主さんからの相談も多く寄せられます。こうした場合、まず借地人さんに買取りの意思があるかを確認します。

そして、事情によっては「五分五分の売買」を提案することがあります。底地の割合が30％の地域でも、40％の地域でも、五分五分の取引であれば、おおよそ双方が満足できる取引になると考えているからです。

借地人さんが買う意思を示したケースは、借地権割合は70％で、更地価格は1億円、底地は３０００万円、借地権は７０００万円になる事例でした。

「本来であれば、３０００万円で買える底地を、五分五分なら５０００万円になって、２０００万円の出費増になる。それは損じゃないか」

五分五分を提案したとき、借地人さんはそう思われたようでした。

ここでちょっと考えてください。

その土地の底地を地主さんが売ろうとすれば、価格は３０００万円です。

「元はと言えば、貸してあげた土地じゃないか。買うときは７０００万円で、売るときは３０００万円か！　これは納得できない」

地主さんがこう考えたとしても、不思議はありません。借地人のあなたが地主さんの立場でも、やはりこう考えるでしょう。

私どもは、借地人さんにこう申し上げました。

「地主さんから『底地を買ってください』と言われたら、千載一遇のチャンスです。こんなことはめったにありません」

現実を見れば、3000万円で買えるところが5000万円です。

確かに、2000万円の出費増になりますが、1億円の土地が半額で手に入るのです。自分が売却しようとするとき、所有権になったことで、借地人さんはその土地を更地価格の1億円で売ることができるのです。

「売却を考えられたとき、私どもが1億円で買う人を探してきます」

五分五分の提案をした以上、私たちも責任を持ちます。売却時のことも含め、借地人さんにそう申し上げました。

「オヤジ、買っておけよ。**連帯保証人**が必要なら、俺がなるよ」

息子さんのこのひと言で、高齢の借地人さんは5000万円での底地の買取りに同意されたのでした。

底地の割合30%の土地を50%の価格で買う。一見すると20%の損をしたように見えますが、地主さんが底地を手放すことはレアケースです。加えて土地の所有権を手に入れれば、更地価格での売却ができます。

●**連帯保証人**
　債務者の債務を保証する人を「保証人」というが、連帯保証人は、この保証人の責任を強化したもの。通常の保証人に認められる「催告の抗弁権」「検索の抗弁権」「分別の抗弁権」が認められていない。

体重計りま～す
身長測定しまーす
体脂肪測定しまーす
借地測定しまーす

Question

10

地主さんから測量したいと言ってきたが、応じなければならないの？

私どもには、借地人さんから実にさまざまな相談が寄せられます。

「地主から、借地の測量をしたいと申し出があった。応じなければいけないのでしょうか？」

なかには、こんな相談もあります。

地主さんが測量の申し入れをする理由は、だいたい次の三つです。

一つは相続が発生し、相続税を確定するためか物納するための測量です。二つ目は、誰にどれくらいの土地を貸しているかの管理をきちんとしたいために、土地面積を確定したい場合です。そして三つ目の理由は底地を売却する場合です。この第2の理由の場合、自分の権利を侵害されるような思いから、測量に反対する借地人さんもいます。

しかし、あいまいな借地境はトラブルの原因になります。かなり古くからの借地契約のような場合、どこからどこまで本当に自分の借地なのかはっきりしないケースがあります。

また、地主さんは1人でも、複数の借地人さんがいる場合、借地境が植木などになっていることがあります。こうした場合、借地境があいまいになっていることが少なくなく、トラブルの原因になりかねません。

地主さんから測量の申し出があった場合、借地人さんとしては協力しておいた

●物納
相続税を金銭で納付することが困難で、延納のできないときに、相続財産の中から不動産などの財産を現物で納付すること。不動産、株式、国債など、物納できる財産の範囲と、納付するときの優先順位が決められている。

ほうが得策です。なぜなら、測量に協力して借地面積を確定することは、借地人さんの財産を確定することになるからです。

仮に、契約面積より実際の借地面積のほうが狭かった場合、借地権の価値がその分下がることになりますが、地代の値下げにつながる可能性もあります。

逆に、借地面積のほうが広かったとき、地代の値上げが話題にのぼるかもしれません。しかし、このケースでは借地権の価値も上がることになります。どちらにしても、測量は、借地人さんの一方的なデメリットにはならないのです。

測量には経費がかかります。自分の財産を確定したいために測量をする、あるいは借地を売りたいために測量をするとなると、その測量費用は借地人さんの負担になります。

しかし、地主さんが測量を申し出た場合、費用は原則、地主さんの負担です。

地主さんが負担する測量で、借地人さんの財産が確定します。このことで、借地人さんに測量を拒む理由のないことがお分かりいただけるでしょう。

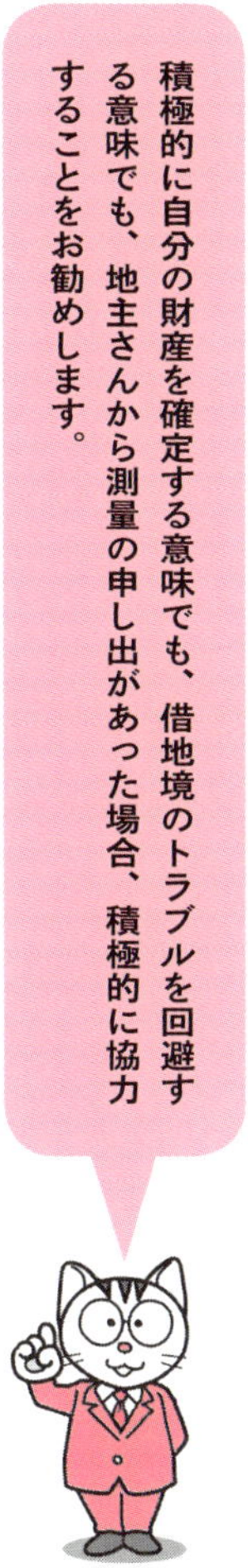
積極的に自分の財産を確定する意味でも、借地境のトラブルを回避する意味でも、地主さんから測量の申し出があった場合、積極的に協力することをお勧めします。

コラム
COLUMN
8

なぜ、借地権に経済的価値が生まれたのか？

動産（物品）を借りた場合、使用料を支払って借りたものを返します。お金を借りれば、元金と利子を支払います。

しかし、借地権はまったく違います。土地を借りている権利に価値が生じ、その権利を地主に返さずに第三者に売却してお金を得ることができます。その理由は、借地法（旧法）と過去の長期的な地価の上昇が複雑に絡み合った結果と考えられます。

旧法では、建物の所有を目的とする土地の契約期間を最短 20 年と定めています。原則的に、地主は、20 年間は貸した土地を返してもらえません。また期限が来たときでも、「継続的に使いたい」と借地人が契約更新の請求をすれば、よほどの理由（正当事由）がない限り返してもらえません。

一方の地価の上昇では、地価の上昇した理由が問題です。

ある土地を保有しているだけでは、価値の上昇になりません。借地を活用して物を製造したり、店舗を開いて販売したり、そこに住み着いて利便性を高めたといった借地人の活動があって初めて、土地の価値が高められます。つまり、地代を払いながらの借地人のいろいろな活動が地価の上昇に貢献したと認められるのです。

以上のようなことから、地価の上昇は、土地の継続的使用を認めた地主と、その借地の上で経済活動を営んだり、利便性を高めたりした借地人双方の寄与の結果と認められることになります。

その結果、地価上昇分の 60～80％が借地人の貢献・寄与とすることが妥当と認められ、社会的合意が成り立って、借地権に経済的価値が生まれているのです。

第4章

地主さんの疑問

「上手な解決法」をプロが教えます

Question

1

地代を上げたいが、どうすればいいの？

地代上げたいけど言いだしづらいナァ…
あ、地主さん何か悩んでるような…
地主さん！悩みがあるなら打ち明けて
私にできるコトなら何でもしますヨ！
エッ！
実は…
…
ヒソ
あっ
やっぱり～
バタッ
死んだフリ～

地代に関して、借地人さんの本音は「地代は下げて欲しい」というものでしょう。一方の地主さんとすれば、「地代は上げたい」というところでしょう。

地代の適正地代範囲をざっと言えば、「年間の地代が、住宅地で固定資産税と都市計画税の合計の３〜５倍、商業地で７〜８倍」です。

「うちは地代をずっと据え置いてきた。固定資産税が上がっても、ほとんど上げなかった。昔はそれでも良かったが、税金を払うと手元に残るお金はほとんどなく、もうやっていけない」

地主さんのなかには、こう思われている方もいるでしょう。

旧法時代に成立した借地権であっても、地代の増減額請求は新法に沿って行われます。それについて法律では二つの要件を定めています。

①地代が諸事情の変化によって客観的に不相当になったこと

②地代を増額しない特約がないこと

そして、地代が「不相当」になったかどうかを判断する要素として法律は、公租公課（おもに固定資産税）の増減、土地の価格の上昇もしくは低下、経済事情の変動、近隣の地代水準との比較をあげています。

地代の値上げ請求は、契約期間中いつでもできます。

請求するとすれば、専門家と相談して①と②の根拠を明らかにし、借地人さんに申し入れることです。口頭でもいいのですが、あとあとのことを考えると配達証明付の内容証明郵便にしたほうがいいでしょう。

地代の値上げ交渉が不調に終わると、**調停**に持ち込まれることもあります。そこで調停委員の助言を交え、双方が話し合い、合意に達すればいいのですが、合意が得られない場合は裁判になることもあります。

調停とか裁判になると、どうしても感情的なしこりが残ります。地代の値上げを望まれるのであれば、借地人さんとの話し合いで、借地人さんが納得してくれる形がベストです。そのために、値上げしたい根拠を示すことが大切です。

地代計算のベースになる固定資産税の評価替えは、3年ごとに行われます。

当社には、「**立替え払い付き地代管理システム**」というシステムがあり、このシステムを採用された地主さんに対し、当社では、3年ごとの固定資産税の評価替えのときに、地代の見直しを提案させていただくこともあります。このシステムであれば客観的な数字が出せ、借地人さんにも納得していただけるはずです。

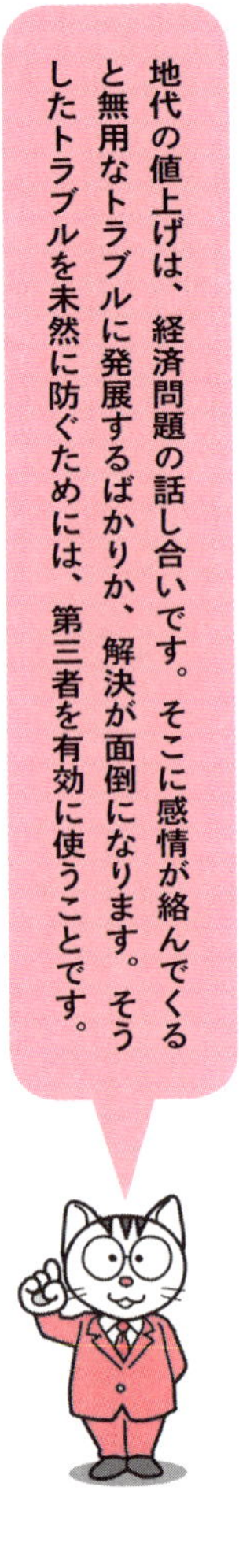
地代の値上げは、経済問題の話し合いです。そこに感情が絡んでくると無用なトラブルに発展するばかりか、解決が面倒になります。そうしたトラブルを未然に防ぐためには、第三者を有効に使うことです。

●調停
当事者同士の紛争が話し合いで解決しないときに、第三者が介入することで、双方の合意を導くこと。借地トラブルは民事調停となり、通常は簡易裁判所に申し立てる。

●立替え払い付き地代管理システム
借地をめぐる、地主の煩雑な管理・運営業務を代行するシステム。例えば、契約の更新、地代・更新料・承諾料の集金等を借地問題のプロが代行してくれるので、迅速に問題が処理できるうえ、安心・安全である。

Question

2

地代を払ってくれない。どんな解決策があるの？

地主さんと借地人さんとのトラブルのうち、もっとも基本的な事例が「地代の未払い」です。

「地代を払ってくれない」の中身は、不払い状態が長く続いている場合もあれば、遅れ遅れになっている場合もあります。

土地賃貸借契約書のなかに、地代の不払いが契約解約条項として入っている場合は、原則、地代を支払わなければ契約は解除できることになっています。

ただ遅れ遅れでも払われている場合、地主さんにしても、「すぐに解約すると、借地人が困るだろう」といった気持ちが働くものです。そうした気持ちが働くと、解約に踏み切れないことになります。

当社が扱った事例に、本当に借地人さんにお金がなく、税金も滞納し、水道も給水停止されるというものがあります。こうした場合では、解約もやむをえないと考えられます。

特別な事情もなく、支払いが長期にわたって滞っている場合、地主さんが、「いつまでに支払いがない時は解約します」と通知すれば、支払いに応じることがあります。もし応じなければ通知通り契約は解除になり、借地人さんには立ち退いてもらいます。

「地代の不払いは許せないけど、自分が追い出すような形にはしたくない」

こう思われる地主さんもいるでしょう。

実際、当社へ相談された地主さんには、

「再度、支払請求をし、応じない場合は解約になる通知をしましょう。支払いに応じない場合は、そこで再び協議しましょう」

このように私どもが提案します。

この通知は、**内容証明**にしました。内容証明であれば、あとで「出した」「受け取っていない」といった水掛け論を未然に防ぐことができるからです。

しかし、この通知にも、借地人さんは応じませんでした。困り果てた地主さんに、私どもは次の提案をすることにしました。

①解約し、借地人に立ち退きを求める。当社が解約のお手伝いをする

②底地を当社が買い取り、借地人との交渉をする

地主さんは②を選ばれました。

●**内容証明**
相手に送った郵便の内容について、その証拠を残してくれる郵便のこと。トラブルの防止になり、裁判でも高い証拠能力を持つ。

あとあとのトラブルを未然に防ぐために、支払請求の通知は、内容証明以外に、配達証明とか配達記録で出す方法もあります。記録になくてもいいのであれば、書留で出す手もあります。

Question

3

地代の支払い時期が混乱し、借地人さんとの関係がこじれてしまった。どうしよう？

借地人さんと地主さんとのトラブルで、もっとも単純でありながら、根の深いものが地代支払いの問題です。

当社も、「地代を払った・払っていない」で相談を受けたケースがあります。

「あの借地人は、地代をごまかそうとしている。わずかかもしれないが、許すわけにはいかない」

地主さんはすごい剣幕です。

「いや、私はきちんと払っている。それは地主の勘違いだ」

借地人さんも反論します。わずかな地代の支払いで、借地人さんと地主さんの関係はこじれてしまったのでした。

地代の場合、法律では「当月分を当月末に支払う」となっています（民法六一四条）。しかし、現実は、「翌月分を前月末に支払う」方法が慣習になっています。

地代の支払いのトラブルの原因は、契約書に「当月分を当月末支払い」と書くこともあれば、「翌月分を前月末支払い」と記すこともあるからです。

契約書からの地代のトラブルは、どこかで契約書の内容に変更のあったことが考えられます。たとえば、いまの契約書は「当月分を当月末に支払う」とあっても、前の契約が「翌月分を前月末に支払う」となっていたようなケースです。ここから、「当月分は前月末に支払っている」という感覚が借地人さんに生まれることがあります。

毎月、地代の領収帳などに地主さんの印鑑を押してもらっていればこうした問題はまず起こりません。また、集金の際に、「これは何月分」と双方が確認している場合もまず大丈夫でしょう。

ただ、持参が振り込みになったり、通帳が切り替わったりした場合、誤解の生じることがあります。地主さんも借地人さんも高齢の場合、記憶間違いということもあります。

当社に相談されたケースでは、契約書を検討したうえ、借地人さんの地代の領収書を調べました。その結果、借地人さんの地代が1ヵ月遅れていることが分かり、借地人さんも納得して支払っていただくことができました。

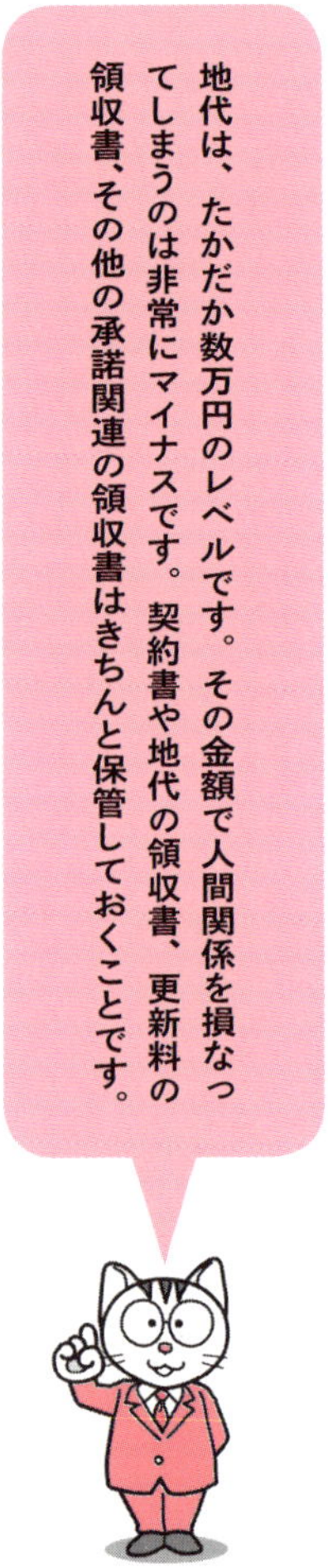
地代は、たかだか数万円のレベルです。その金額で人間関係を損なってしまうのは非常にマイナスです。契約書や地代の領収書、更新料の領収書、その他の承諾関連の領収書はきちんと保管しておくことです。

Question

4

底地を売りたい。誰に買ってもらったらいいの？

地主さんが底地を売る事情の代表的なものが、相続です。相続税支払いのため、本当は手放したくない底地を手放さざるを得なくなってしまうのです。

借地権と違い、地主さんが底地を売るのは自由です。誰の承諾も要りませんし、誰に売ろうと制約はありません。

この場合、売る相手は借地人さんか、第三者になります。

底地の売却が当社に相談されると、当社はまず借地人さんを第一候補にします。

「あの借地人には売りたくない」

こう言われる地主さんもいることはいますが、借地人さんに声をかけた場合、約7割は購入に同意されます。地主さんが底地を手放すことは非常にまれで、借地権を所有権に切り替える千載一遇のチャンスだからです。

借地人さんに底地を売る場合、当社では底地の割合を基に、五分五分とか6：4などの提案をさせていただきます。もちろん個々の事情にもよりますが、過去の実績から、地主さんにも借地人さんにも、この解決法がもっともメリットのある方式だという思いがあるからです。

たとえば、更地価格が9000万円、底地の割合が40％だったとします。その割合でいけば、底地の価格は3600万円になります。五分五分方式なら、地主さんは４５００万円で売ることになり、地主さんは９００万円の得になります。

一方の借地人さんは、３６００万円のところを４５００万円で買うことになり、負担が９００万円増えます。しかし、地代を支払って借りていた土地の所有権を手にできるわけです。さらに、９０００万円で売却できるのですから、五分五分でも十分に採算が取れることになります。

借地人さんにこう説明すると、ほとんどの方は納得していただけます。

五分五分提案に納得していただけなかったり、借地人さんに底地買取りの意思がない、あるいは買いたくても経済的にできない場合は、第三者に売ることになります。

当社も第三者の候補の一社で、当社が買わせていただくこともあります。

また、２ｍの接道がないために、なかなか売れないこともあります。

底地を売りたい場合、まず借地人さんに声をかけることです。借地人さんとお金の交渉をしたくなければ、第三者に仲介を依頼してもよいでしょう。当社も、数多くの仲介実績を持っています。

Question

5

借地権を取り戻したい。どんな方法があるの？

できることなら取り戻したい
若さ
愛…
借地権
3つの願いのうちひとつをかなえてやろう
ドロロロロ〜ン
えっ！それじゃ…
借地権！
いいの…？

これまで何度か紹介していますが、旧法で土地の賃貸借契約を交わした場合、地主さんに借地はまず返ってきません。

「正当事由があれば、更新を拒否できる。借地が返ってくる」

地主さんのなかにはこう言われる方もいます。確かに正当事由の項目はありますが、正当事由として認められるものはほとんどありません。

過去の例を見ても、正当事由が認められたことは非常に稀です。

たとえば、地主さんがそこしか住む場所がなく、しかも非常に貧しい境遇に置かれているとか、借地人さんがアパートなどを経営し、経済的に豊かな生活を送っているなどの事由でしか、正当事由が認められていないのが実情です。

つまり、更新を拒否して借地権を取りもどすことは難しいということです。しかし、借地権を取りもどす方法はあります。それは、借地人さんから借地権を買い取ることです。

「借地権を買い取りたい。そちらでやってくれないか」

地主さんから当社にこう依頼があれば、当社は、借地人さんに借地権を売るつもりがあるかどうかをまず打診します。

借地人さんのほうに借地権を売りたい意向があった場合、話し合いはスムーズに運びます。当初、売るつもりがなくても、借地権を売ることで得られる金額を知り、売る気持ちになることもあります。

借地権の買取りが難しいケースは、

「私はここで生まれ、ずっと育った。ここで一生を終えたい」

借地人さんにこんな気持ちがあれば、まず借地権は買えません。

その他には、借地人さんと等価交換する方法もあります。地主さんが借地全体を取りもどすことはできませんが、地主さんも借地人さんも、借地権割合や話し合いで割合を決定し、それに応じて土地の所有権を取得する方法です。

「借地権が取りもどせないのなら、底地を処分したい」

まれに、地主さんがこんな気持ちになることもあります。地主さんの意向を受けて底地の買取りを借地人さんに相談したり、当社が買い取ることもあります。

正当事由で更新を拒否し、借地権を取りもどすことはまず不可能です。どうしても借地権を取りもどしたければ、借地権を買うか、もどってくる土地は狭くなりますが等価交換を考えたほうが得策です。

Question

6

「借地権付建物を処分したい」と借地人さんから言われた。どうしたらいいの？

あのう…借地権処分したいんですけど…
わかりました…
地主さん！借地権を買うチャンスですよ！
メンドーだから他の人に売ってヨ
借地人が変っても地主は…
立場に変化ないだろ？
チョット待って！
本当に変化ありませんか？

「借地権を処分したいのですが……」

借地人さんから、こんな相談が持ち込まれることもあります。

借地人さんが借地権を売る場合、地主さんには、借地権を優先的に買い取ることができる介入権（借地借家法19条3項）がありますので、借地人さんは、「売る意思がありますが、地主さんはどうしますか」と、地主さんに打診しなければなりません。

こんなとき、地主さんはどうしたらいいでしょうか？

①地主の自分が買う
②自分に買う意思はないので、第三者に売ることを認める
③自分に買う意思はないが、第三者に売ることも認めたくない

地主さんにとって、もっともメリットのある選択は①です。

仮に、②の第三者に売ることを認めたとします。新しく借地人さんになった人に問題がなければよいのですが、どんな人になるか分かりません。

地主さんが③の選択をすると、借地権を売りたい借地人さんは、買ってくれる第三者を探します。買ってくれる第三者が見つかると、その人に借地権を売る許可を裁判所に求める（借地非訟）ことになります。

こうした場合、だいたい不動産会社が間に入りますが、その不動産会社が新し

い借地人さんを探したり、自社で借地権を買うこともあります。

不動産会社がどんな新しい借地人さんを見つけてくるか、それは分かりません（裁判の場合は、地主さんには介入権があります）。

また、借地権を買った不動産会社のなかには、建物を建替えて専用住宅をつくり、その住宅を第三者に転売するケースもあります。この場合でも、問題のない人が新しい借地人さんになる保証はありません。

借地権を第三者が買った場合でも、旧法時代に交わした借地契約には旧法が適用されます。まず地主さんに土地が返ってくることはありません。新しい借地人さんに問題があっても、その人がそこに住み続ける以上、付き合っていかなければならないのです。

借地人さんから「借地権を処分したいのですが……」と持ちかけられたら、「買い」です。地主さんは、このことをしっかり胸に刻んでおくべきでしょう。

借地権を買った第三者には、「自分は、それなりのお金を投じて買った」という強い意識があります。その意識から、地主さんに借地権の権利を強く主張するようになり、いろいろなトラブルの原因にもなります。

Question

7

もうすぐ更新だが、更新手続きはどうするの？

更新は…忘れたころにやってくる…
そして…
時として本当に忘れてしまう
私はダレ？
ココはドコ？
更新ってナニ？何をどうすればイイの？

なにごとにつけ、契約というのは面倒なイメージがあります。契約更新って、いったいどうするのですか？

「初めての契約更新で、どうすればいいのか分からない。契約更新って、いったいどうするのですか？」

相続などで新しく地主さんになった方から、契約の更新についてよく質問を受けます。底地が１ヵ所だけでなく、借地人さんも多数いる場合、契約更新は意外と手間のかかる手続きです。

第２章でも触れたように、借地契約の更新には大きく三つのパターンがあります。「更新請求による更新」と「合意更新」、それに「法定更新」です。一般的な更新は法定更新と合意更新となります。

「更新請求による更新」は、借地契約の期限がきたとき、借地人さんからの契約更新請求を受けての更新です。この場合、以前の契約と同じ条件の借地契約が設定されます。

条件としては、借地上に建物があることと、地主さんがとくに正当事由に基づいて異議を申し立てないことです。

「合意更新」は、借地契約の期限がきたとき、借地人さんと地主さんの双方が条件に合意し、契約を更新するものです。地主さんが更新料を求め、その金額について話し合われることが一般的です。

更新の契約期間は堅固な建物の場合は30年以上、非堅固の場合は20年以上と定められています（期間の定めのない場合は、それぞれ30年と20年）。しかし、借地人さんと地主さんの話し合いで、それ以上の期間にすることもできます。

更新の場合、期間で注意していただきたいポイントがあります。

更新後の契約期間を堅固な建物で30年、非堅固で20年としたとき、その期間内に建物が朽廃《こうはい》したとします。この場合、借地権は消滅します。

一方、借地人さんと地主さんの話し合いで、期間を30年以上、あるいは20年以上とした場合は事情が異なります。この場合、契約期間内に建物が朽廃しても、借地権はなくなりません。

しかし、現実の契約更新ではまず専門家が間に入ります。トラブルを起こすようなミスはないと思いますが、多数の借地があると、更新時期がバラバラになることから、借地を多く持つ地主さんにとって、契約更新はやはりなかなか面倒なことと言えるでしょう。

当社では、当社独自の「立替え払い付き地代管理システム」を開発しています。地主さんがこのシステムを契約されれば、当社が更新を代行します。地主さんは、煩雑な更新業務から解放されることになります。

Question

8

地代の管理が面倒。簡単な方法か代行してくれる会社はないの?

地主さんにとって、地代の管理は絶対に欠かせないものです。借地人さんと長い付き合いがあり、底地の管理だけを専門にやっていられるのであればまだよいのですが、専業でない場合、

「多数の借地人から、異なる金額の地代が入ったり、入金日もバラバラで、管理がわずらわしくて仕方ない。それに、もうすぐ何人かと契約更新をしなければならないが、何か良い方法はないのですか？」

私どもに、新しく地主さんになった方からこんな相談が寄せられました。

調べてみて、私どもも驚きました。地代の入金日は本当にバラバラ。入金方法も振込みあり、持参あり、現金書留ありで、「管理がわずらわしくて仕方ない」という気持ちもよく分かります。

これだけでも大変なのに、なかには地代が遅れる人もいます。一件ごとにきちんと定額が支払われたかどうかを確認し、支払いが遅れていれば請求しなければなりません。この事例の場合、現実に地代の滞納も出ていました。

契約更新もあるということでしたので、私どもは、「立替え払い付き地代管理システム」のお話をしました。このシステムは地代の値上げ、契約更新のところでも紹介しましたが、当社が独自で設計、開発したシステムです。

地主さんが当社とこのシステムを契約されると、次のような管理・運営業務を

当社が代行します。

①毎月の地代の集金業務
②解約にともなう諸業務
③賃料の改定業務
④建物についての増改築・建替え・売却・転売等についての同意に関する業務
⑤更新業務

また、借地人さんに地代の滞納があった場合、４ヵ月相当額まで当社で立替えてお支払いします。

「立替え払い付き地代管理システム」は、地主さんだけでなく、借地人さんにとってもメリットがあります。地主さんと直接交渉・支払いの必要がなくなるうえ、借地に関する借地人さんの不安や疑問が無料で相談できるのです。説明を聞かれたこの地主さんは、即日、このシステムを導入されました。

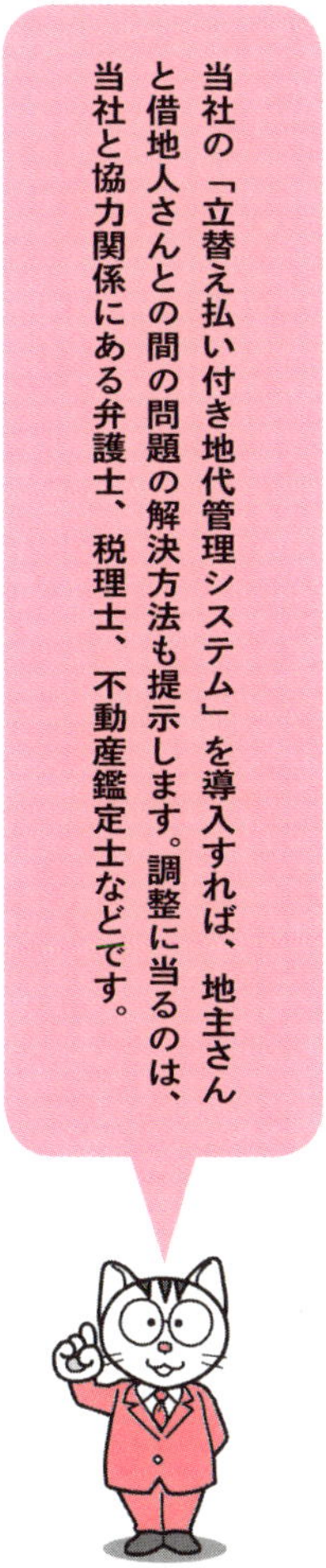
当社の「立替え払い付き地代管理システム」を導入すれば、地主さんと借地人さんとの間の問題の解決方法も提示します。調整に当るのは、当社と協力関係にある弁護士、税理士、不動産鑑定士などです。

承諾料クイズ
さて問題です
承諾料は更地価格の何パーセント？
いっせいにお答えください
せーの
ドン!!
借
地
2%
5%
両方とも一応正解!!
エ〜〜
また来週の!

Question

9

借地人さんが建替え承諾を求めてきた。どうしたらいいの？

ある地主さんが、建替えのことで当社に相談に見えました。借地人さんから建替えたいという希望が伝えられ、建替え承諾料をどうするかという相談でした。

「金額を話し合ったんですが、額に少し開きがあるんです。こうしたとき、どうすれば解決できるんですか？　妥当な承諾料っていくらぐらいなんですか？」

ちょっと困ったような顔で、地主さんは言われます。

この方が貸している土地の更地価格は８０００万円でした。

先にも出ましたが、一般的に支払われる建替え承諾料は、更地価格の２～５％です。この基準で行くと、地主さんの場合は１６０～４００万円になります。

地主さんとしては、できるだけ多くもらいたい。それが人情です。借地人さんとしては、建築費用もあり、できるだけ安く抑えたい気持ちがあります。その気持ちが金額に反映され、地主さんは４００万円、借地人さんは１６０万円を主張し、話し合いがまとまらなくなっていたのでした。

２４０万円の差というのは、決して少ない額ではありません。このまま話し合いを続けても、すぐに埋まるような溝ではないでしょう。

どうしても話し合いで決着がつかなければ、借地非訟手続きという手もあります。しかし、この手続きには費用がかかりますし、解決までにかなりの時間もかかります。

何よりも、地主さんと借地人さんの関係がぎくしゃくしたものになってしまう恐れがあります。借地人さんの建替えが許可されても、居心地の悪い思いがあるかもしれません。地主さんの胸中にも、承諾料をめぐる複雑な思いが残り続けてしまうこともあります。

地主さんの相談を受けた当社では、現地調査を行いました。その結果、このケースでは、次のような建替え承諾料の提案を行いました。

「どうでしょう、承諾料を２８０万円にしませんか？　気持ちより１２０万円少ない額です。借地人さんのほうは、自分の考えより１２０万円多い額になります。この額なら妥当ですし、双方が歩み寄れるでしょう」

当社の提案に、地主さんも借地人さんも納得していただきました。交渉は円満にまとまって借地人さんは建替えを終え、いまも良好なお付き合いが続いています。

建替えでは、円満な承諾による解決が何よりです。承諾料をめぐるトラブルは、そこに住む借地人さんにとっても、地主さんにとっても感情のしこりを残します。両者に利害関係のないプロの第三者に任せ、ビジネスライクに運んだほうがすんなり解決することが少なくありません。

Question

10 いつの間にか増築しているようだ。どうしたらいいの？

普通、借地契約書には建替えや増改築に関する一項が付されています。「建替え、増改築を行うときは地主の承諾を必要とする」

表現はいろいろありますが、主旨は変わりません。借地契約書に押印しているわけですから、借地人さんは守るのがルールです。

「増改築には私の承諾が必要なのに、借地人が承諾もなしに増築している。何か打つ手はないでしょうか？」

地主さんから当社に持ち込まれた相談は、借地人さんの無断増築でした。

建替えや増改築の場合、地主さんが建替え承諾書を出し、建替え承諾料の話し合いがつけば建替えができることになります。建替え承諾料の一般相場は、更地価格の2～5％といったところです。

建替えるとき、木造から鉄筋コンクリートにすることは「借地条件の変更」になり、「借地条件変更承諾料」が発生します。相場は、更地価格の10％程度です。

建替えと増改築では、線引きの難しい面もありますが、一般的に、柱や基礎をすべて残していれば、外装を全部変えても全面改造の扱いになって、建替えにはなりません。基礎の打ち増しをやっても、改築の扱いです。

耐震強度のこともあり、最近は住宅のリフォームも盛んです。

では、増改築とリフォームはどこが違うのでしょうか？

これも判断の難しいところです。

現実問題として、どこまでがリフォームで、どこからが増改築といった決まりはありません。壁の塗り替えだけでも地主さんの承諾は必要ですし、そのときにお金の支払いを請求するか、ただでよいかは地主さん次第です。

地主さんの相談から、話が少しずれましたが、この場合、借地人さんは明らかにルール違反、借地契約違反です。

杓子定規に行けば契約解除もできるでしょうが、それではあまりに大人気がありません。ここは借地人さんと話し合いの場を持ち、「建替え承諾を出すから、承諾料を支払ってください」と申し入れてはどうでしょう。

もし借地人さんが無視したり、建替え承諾料で折り合いがつかなければ、専門家に依頼して調整してもらったり、弁護士を立てての裁判ということになります。

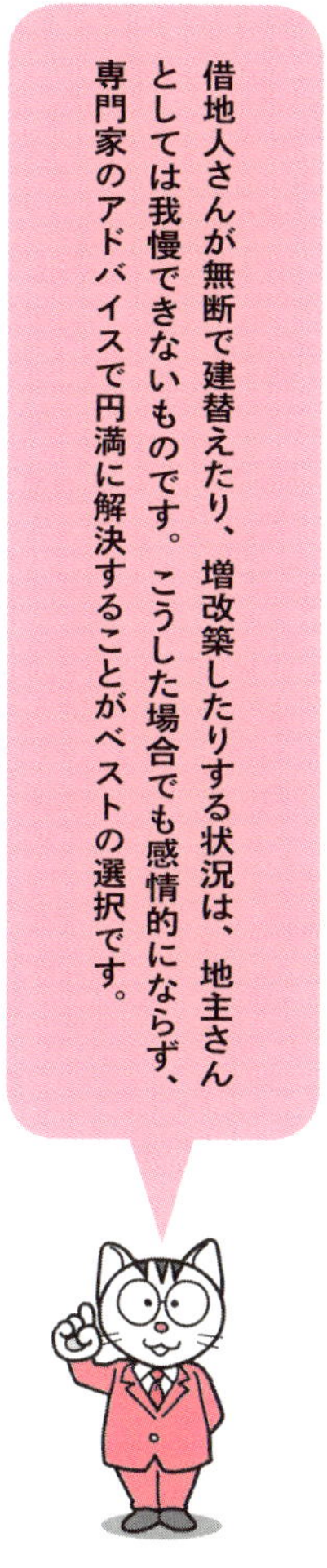
借地人さんが無断で建替えたり、増改築したりする状況は、地主さんとしては我慢できないものです。こうした場合でも感情的にならず、専門家のアドバイスで円満に解決することがベストの選択です。

Question

11

借地上の建物が競売にかかり、第三者の手に渡ったらしい。どうなるの？

借地人さんが借地上の建物に抵当権を設定し、金融機関から融資を受けることがあります。債務不履行になった場合、当然、金融機関はその建物を差し押さえます。

「うちの借地人が債務不履行になって、建物と借地権が競売にかかったらしい。まったく知らない男が新しい借地人として顔を見せたが、どうしたらいいのか？このことで借地契約の解除はできるのか？」

地主さんが血相を変えて、当社に相談に見えました。

こうした場合、判例によると、抵当権の効力は借地権にも及ぶとされています。つまり、抵当権が実行されて抵当建物が競売にかかると、借地権も、建物と一緒に第三者に移転するというわけです。

そこで、競売で借地権を買い受けた借地人さんは、借地権の譲渡について地主さんの承諾を得ようとします。地主さんの譲渡承諾を受けなければ、借地契約を解除される恐れがあるからです。

このとき、承諾を与えるかどうかは、地主さんの自由です。

「借地権の譲渡を承諾してください」

借地人さんがこう申し出たとしても、地主さんは「ノー」と言えるわけです。

ただ地主さんが拒否した場合でも、買受け代金を納めた2ヵ月以内に、借地人

●競売
不動産の担保権や確定判決などの債務名義を持つ債権者が、裁判所に申し立てて、債務者の不動産を競争入札の形式で売却し、その代金を債権の弁済に当てる方法。

さんは裁判所に地主さんの承諾に代わる許可の申し立てをすることができます。

ただ、借地人さんが裁判所に代諾許可の申し立てをしても、必ず借地人さんに借地権の譲渡が認められるわけではありません。借地人さんの事情、拒否した地主さんの事情、地主さんに不利になる恐れがあるかどうかなどを判断し、許可・不許可の決定を行います。

借地人さんの申し立てが許可された場合、裁判所は当事者の公平をはかろうとします。たとえば、借地の契約期間を延長する代わりに、**譲渡承諾料**（だいたい借地権価格の10％程度）の支払いを命じることなどが行われます。

不許可になった場合、借地人さんは、地主さんに土地を返還しなければなりません。この場合、借地人さんは地主さんに、時価で建物を買い取るように請求できます。建物の買取り請求が行われると、建物の売買契約が法的に自動的に成立し、地主さんは建物を買い取らなければなりません。

借地人さんの付けた抵当権が実行されると、いろいろと面倒な手続きが必要になります。そうした時こそ、専門家をうまく使ってスムーズな解決を目ざすことです。当社でも、わずらわしい作業をこなし、複雑な事態を円満解決に導くための専門家とスタッフを置いています。

●**譲渡承諾料**
借地人が借地権を第三者に譲渡する場合は地主の承諾が必要だが、その際、借地権価格の10％の承諾料を支払うのが一般的である。これを怠ると、後になってトラブルの原因になりかねない。

Question

12

建物の「老朽化」って、どんな状態なの？

老朽化とは…
一、いつホーカイするかわからない
二、長年人が住んでいない…
こりゃ取り壊しかな…
この家の場合…
火星人がたくさん住んでいます
UFOがホーカイを防いでいます
壊サナイデ！
ガクッ

旧法時代に借地権が成立していれば、借地人さんは半永久的にその土地を使うことができます。

しかし、借地権が消滅する場合もあります。旧法時代に成立した借地権であっても、どんな場合でも借地権が保全されるわけではないのです。

「うちの契約は、契約期間の定めがありません。期間の定めがない場合、『建物の朽廃を理由にした借地権の消滅』が認められています。借地人さんの建物がかなり老朽化しているので、借地権の消滅を認めてもらいたいのですが……」

ある地主さんから、こう相談されたことがあります。

この方の言われるとおり、契約期間の定めがない場合、朽廃を理由に借地権は消滅します。一方、期間の定めがある場合、建物が朽廃しても期間が残っていれば借地権は消えません。契約期間が切れるまで、借地権は消えません。

法律ですから「朽廃」という難しい言葉が使われていますが、要するに「建物の老朽化」です。もっと分かりやすく言えば、「家がボロボロになった状態」です。

このようなケースで難しいのは、どんな状態を「ボロ家（朽廃）」とするかです。これまでに認められているのは、次のような状態です。

①建物がいつ崩壊するか分からない危険な状態にある場合

②壁には大穴が開き、柱や板類、土台等が腐食し、修理するとしても新築に近い

大改造を必要とするような場合

③年月の経過による自然の老朽化に加え、長期間にわたって人が住んでいないため、建物がいっそう老朽化していて、仮に修理しても、新築に近いほどの大改造が必要で、費用も新築に必要なほど大きく、かえって取り壊して新築するほうが経済的であるような場合

建物が修繕されると建物の寿命が延び、そのことで朽廃の時期が延びることになります。この場合、いつ借地権が消えるのでしょうか？

その修繕が、建物保存のために一般的に行われるような程度とします。この場合、現実に建物が朽廃したときが借地権の消えるときになります。

大修繕の場合もあるでしょう。この場合、「遅くとも、修繕前の建物が朽廃したと思われる時期に借地権が終了したものとする」という判例もあります。

建物の朽廃については、プロの判断に任せたほうが安心です。勝手な判断で借地権の消滅を振りかざすと、裁判になって苦労しかねません。

付け加えますと、「建物の朽廃」は地震や火事などによる損壊や消失とは異なります。地震や火事によって建物が損壊したり、消失したりした場合、借地権は消えません。

第5章

地主さんのトラブル解決事例

Question

1

「借地権を売りたい」と言ってきた借地人さんに借地権がなかったが……。

何十年も地代を払ってきた…
しかし…
他人の借地権だったのだ！
ダリ~
どーして何十年もォ……
出てゆきましょ…
ちょっと待って~！

「借地権を売りたい」

地主さんに、借地人さんがこう切り出してくることは少なくありません。普通のケースであれば、地主さんは買い取ることを検討します。

「借地人が、『借地権を売りたい』と言ってきた。私は買取りに異存はないけど、お宅の会社のほうで話を進めてくれませんか」

私どもに、こう相談されたことがありました。調べてみると、借地権の買取りを持ちかけた借地人さんに、借地権がなかったのです。私どもは数多くの借地権譲渡を手がけてきましたが、こんなケースは初めてです。

「建物は自分が相続した。借地契約書も自分の名前で持っているし、借地権も自分が相続した」

借地人さんはこう思い込んでいたのですが、建物の登記は借地人さんの伯父さん名義になっていたのです。

こうしたことになった原因は、借地人さんのおじいさんが亡くなったときの遺産相続にありました。当社が調べた結果、次のようなことが判明したのです。

おじいさんには２人の息子があり、借地人さんは次男の息子でした。

「長男には所有権のある土地、次男には借地を相続させる」

口約束でこう決まっていたのですが、実際におじいさんが亡くなると、家督相続のような形ですべて長男が相続してしまったのです。

次男（借地人さんの父親）が亡くなったとき、借地人さんは自分が父親からこの借地を相続したと思い込んでしまいました。「私が相続しました」と地主さんと借地契約を結び、地代を払い、そのまま借地に住み続けます。しかし、建物の登記はいっさいしていないままでした。

仮に、地主さんがこの借地権を買い取ったとして、建物登記は借地人さんの伯父さん名義です。そうなると「**他人物売買**」という形になり、地主さんは単純には登記ができません。当然、地主さんは借地権の買取りを拒否します。

地主さんとしてはこの問題を解決し、借地権を買取りたい意思がありました。

そこで当社は、まず借地人さんの伯父さんと借地人さんの父親の法定相続人を調べた結果、伯父さん側に6人、借地人さん側に9人の法定相続人のいることが分かったのです。これから先は、2つの方法がありました。

①遺産分割協議を開き、借地人さんの相続権を認めてもらう

②裁判所に訴え、借地人さんがこの借地上の建物を取得していることを認めてもらう

借地人さんは、自分が建物について所有の意思を持って借地契約を結び、50年以上にわたって建物を使用して、地代も建物の税金も払い続けてきました。ここ

●他人物売買

他人の物を売買すること。民法では、他人物の売買も有効とされる。ただし、事情を知らない買主が不利益を被る可能性もあるので、宅地建物取引業法では、宅地建物取引業者が自己の所有に属さない宅地または建物について、自ら売主となる売買契約を締結することを原則的に禁止している。

コラム
COLUMN

9

建物の所有者名義と借地契約者が異なった場合は？

借地権はあくまで債権で、契約した地主に「土地を使用させてください」という権利でしかありません。底地の所有者が代わるとどうなるでしょうか。民法によると、借地人は借地権についての対抗要件である登記がないと、新所有者の請求によって土地を明渡さなければならないことになります。

ただし、これは民法の話で、実は借地借家法10条1項により、借地権の登記がなくても、土地の上に借地権者が登記されている建物を所有するときは、これをもって第三者に対抗できるとされています。この条文があるために、底地の所有者が代わっても借地人は保護されるわけです。

そこで、「建物の登記」が重要になります。建物の所有者名義と借地契約者が一致していればいいのですが、建物の所有者名義と借地契約者が異なるケースではトラブルが起こり得ます。

①地主の承諾を得て前の借地人から借地権を譲り受けたが、建物の名義変更をしなかった
②建物を建てたとき、建物を息子名義にした
③地主の承諾を得ずに建物を息子に贈与し、名義を息子にした
④借地権の相続後、建物所有権の移転登記をしていなかった

建物の所有者名義と借地契約者が異なることには、こうした理由が考えられますが、大きなトラブルの原因になります。こうした場合、地主が底地を第三者に売却した場合、借地人は第三者に対抗できなくなるケースがあるからです。

建物の所有者名義と借地契約者が異なる場合、早急に建物の名義をもどすか、借地契約者を建物の名義人にした借地契約を結ぶ必要があります。

がポイントです。

実質的に借地人さんが義務を履行していたわけですから、建物を時効で取得していると考えられます。②の方法が、この**取得時効**の主張になります。

これから15人の相続人を集め、遺産分割協議を開くことは難しい状況でもありました。当社は②の方法がベターであると判断し、地主さんと借地人さんに次のような提案を行いました。

「取得時効で、まず建物を借地人さん名義の登記にしましょう。そのうえで、地主さんが借地人さんから買い取ることで行きましょう」

地主さんと借地人さんは、当社の提案に賛成してくれました。

現在、伯父さん側の相続人を相手とし、取得時効の訴訟中となっています。

●取得時効

本来、他人に所有権があるものを、自分が所有者のように一定期間占有した場合、所有権の取得を認めること。初めから自分のものであると過失なく信じていた場合は10年、他人物であると知っていた場合でも20年で時効が完成する。

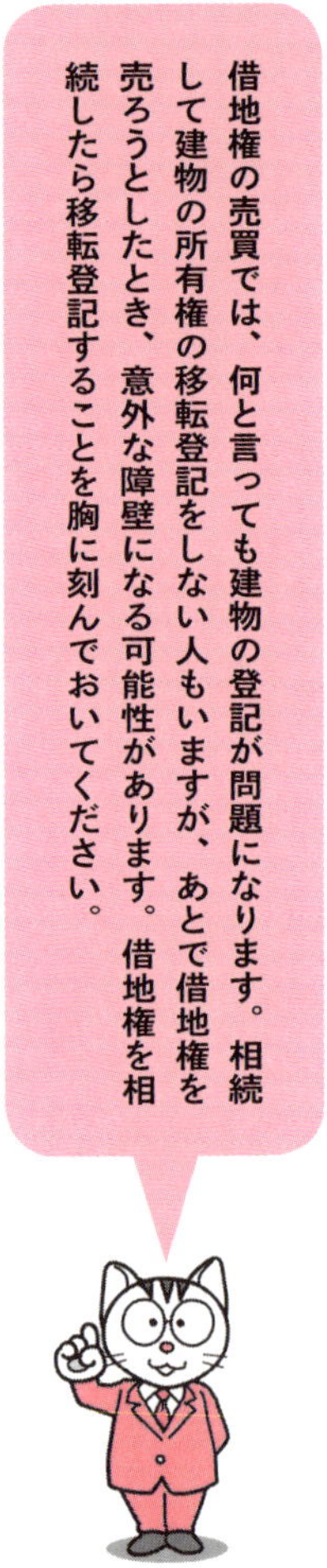
借地権の売買では、何と言っても建物の登記が問題になります。相続して建物の所有権の移転登記をしない人もいますが、あとで借地権を売ろうとしたとき、意外な障壁になる可能性があります。借地権を相続したら移転登記することを胸に刻んでおいてください。

Question

2

借地権を買い取らず、いまの地主のメリットを維持したいが……

うーん…借地権を買い取るメリットもわかるけど…
やっぱり地主のままでいい…
ボクって変ってる?
人はみなそれぞれ色々な考え方があって良いのです
変ってる?

「借地人さんから、借地権を買って欲しいと相談されたが……」

借地人さんからこんな相談があった場合、基本的に、地主さんは「買い」です。何と言っても、借地人さんからこうした相談がなければ、土地は半永久的に返ってこないのですから……。

レアケースですが、なかには「借地人さんにそのまま使っていて欲しい」と言う地主さんもいます。

「毎月3万円もの地代が出て行く。借地権を処分したい。何とかできないか」

ある借地人さんから、当社がこんな依頼を受けました。借地人さんの意向を地主さんに伝えると、地主さんはこう言われたのです。

「借地権を買ってくれというのは借地人さんの都合だから、買い取りたくない。私としては、借地をそのまま使っていて欲しい」

この返答を聞いた借地人さんはこう言います。

「それなら、借地をただで返す。更地にしてもいい」

借地人さんの申し出を、地主さんは断ります。

「ただで返してもらっても、**贈与税**などがかかるからご免こうむりたい。更地にしても固定資産税が上がる。住居が建っていることで固定資産税が軽減できているうえ、毎月の地代が入ってくる。だから、このまま借りていて欲しい」

●**贈与税**
個人から、年間110万円を超える現金や不動産などの財産を無償でもらった時に課税される国税。他人に限らず、夫婦や親子間の贈与も含まれる。

地主さんと借地人さんの気持ちを汲み、当社としては第三者に借地権を売ることを提案しました。地主さんも借地人さんも賛成され、借地権を買う第三者を探しているうち、地主さんからこんな話が出ました。

「第三者に売るなら、おたくが借地権を買って、運用する手もあるでしょう？」

結局、借地権を借地人さんから当社が購入することとなりました。借地人が、当社に変わったわけです。当社としてはそこに専用住宅かアパートを建築し、第三者に売ることを計画しています。

「第三者に売ってもいいけど、変な人はやめてください」というのが地主さんの希望です。

「入居者には万全の注意を払います。当社には『地代管理システム』がありますから、第三者に売るときは、そのシステムを使って地代のやりとりをします」

当社の方針に地主さんも納得され、最終決定しました。

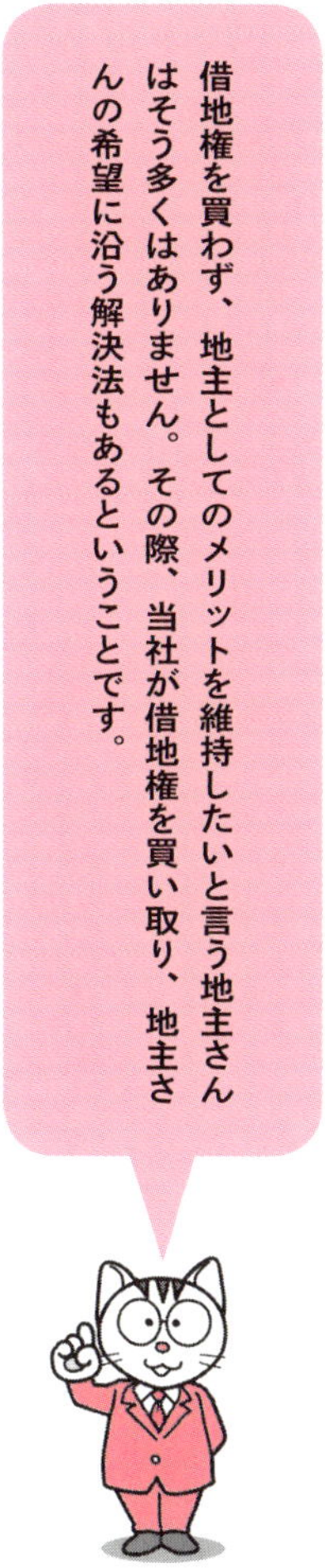
借地権を買わず、地主としてのメリットを維持したいと言う地主さんはそう多くはありません。その際、当社が借地権を買い取り、地主さんの希望に沿う解決法もあるということです。

相手が借地権割合にこだわってしまうと
70%
高すぎて買えません
五分五分の良さを説明するには
話すの苦手…
モジモジ…
双方にメリットがあるように
プロが協力いたします！

Question

3

借地権を買い取ってほしいと言われた。金額が納得いかないが、どうすればいい？

借地人さんのケーススタディのところ（104ページ）で、地主さんから底地の買取りを打診された借地人さんの事例を紹介しました。

当然、この逆のケースもあります。借地人さんから地主さんに、「借地権を買い取って欲しい」と申し出があった場合です。

私どもに寄せられた相談は、更地価格が1億2000万円でした。借地権割合は70％でしたから、借地権は8400万円になります。借地人さんは、この8400万円での買取りを求めたのです。

「善意で土地を貸してあげたのに、借地権8400万円は高すぎる。私が底地を売ろうとすれば、3600万円にしかならない」

借地人さんの話に、地主さんは私どもにこう訴えてこられました。

この訴えにはもっともなところがあります。

そこで、私どもは諸般の事情を考え、双方に「五分五分の売買」を提案させていただきました。つまり、借地権を6000万円とする提案です。

「その話だと、私は2400万円損し、地主は2400万円も得する」

当社の提案に地主さんは喜ばれましたが、当初、借地人さんは不満そうでした。

借地権の譲渡では、仲介した業者は「3％＋6万円（消費税抜き）」が収入になります。8400万円であれば258万円、6000万円であれば186万円です。差額は72万円、不動産会社としても決して小さい額ではありません。

だから一般の不動産会社は70％に固執し、その値を譲ろうとしません。結果がどうなるかと言えば、物別れです。

「私はそんな高値では買いたくない。第三者に借地権を売ってもらって結構」

地主さんがこう言われて、では、８４００万円で第三者に売れるかというと疑問符がつきます。「売りたい」という足元を見られ、価格をかなり引き下げなければ売れないのが実情です。承諾料の分も差し引かなければなりません。

当社の提案に、借地人さんは近くに住む親戚に相談されたようです。

というのは、当社が、地主さんに有利なように話を進めているという噂が立ったようだったからです。借地人さんにそんな噂を広めるつもりはなかったようですが、どうやらその親戚の方がそんな話を近所でしたことが原因でした。

「何か変な噂が立っているようで……。私が、安く買い叩こうとしているという話が聞こえてきたんですが……」

心配した地主さんからは、こんな連絡もきました。私どもの真意をきちんと理解していただくために、そして、五分五分で譲渡されるほうが、両者にとって結局は得だということを理解してもらうために、借地人さんに連絡を取りました。

「私は、親戚にちょっと相談しただけで、地主さんと御社に悪意は持っていません。いろいろ考えて、御社の提案どおりにしようと決めたところです」

電話口の向こうでこう言ったあと、借地人さんは明るく笑われました。この電話のあと、すぐに６０００万円で契約されています。

「できるだけ双方にメリットのある形、できるだけ満足できる形で解決したい」

借地人さんも、そうした私どもの基本ポリシーを理解していただけたからです。

借地権（あるいは底地）の譲渡では、「その値段で売ったらもったいないよ」とか「もっと安く買えるよ」とか、周囲でいろいろ言う人が出てくるものです。そうした声に惑わされ、交渉が暗礁に乗り上げることが多々あります。

当社の提案は、つねに中立の立場で解決したい意思のあらわれです。この精神は交渉が円満にまとまる経験から生まれたもので、借地人さんが借地権割合の60%、70%にこだわると、まとまるものもまとまりません。

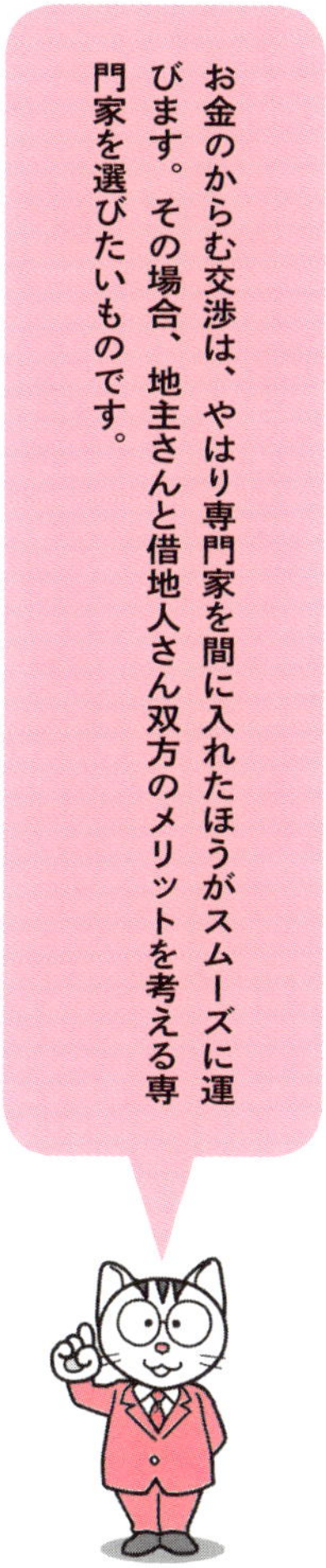
お金のからむ交渉は、やはり専門家を間に入れたほうがスムーズに運びます。その場合、地主さんと借地人さん双方のメリットを考える専門家を選びたいものです。

Question

4

借地人さんが借地に建てたアパートと近くの土地を交換したいが……。

借地に、借地人さんがアパートを建てて経営することもあります。

「借地権を売りたい。借地上のアパートも買い取って欲しい」

こう借地人さんから申し込まれた地主さんから、当社に相談が寄せられました。買取りを希望されたアパートは、２棟ありました。

「何で私が買い取らないといけないのか。貸してあげたのだから、更地にして返してくれればいいのに……」

当社は、地主さんにいろいろお話をさせていただきました。

「いまは借地権が保護されていますから、『更地にして返して……』と言っても、そういう形では返ってきません。もし更地にして無償で返ってきたら、すごい贈与税がかかる可能性がありますし、固定資産税もぐんと跳ね上がります。借地権を買い戻す話がきたら、買い戻しが良策です」

私どもの話を聞かれた地主さんは「少し考えます」とその日は帰宅されました。しばらくのち、再び来社された地主さんはこう言われたものです。

「知り合いの弁護士の先生にも聞いたら、同じことを言われました。『借地人が借地権を買ってくださいと言ってきたら、買い戻したほうが得だよ』とも言われました」

こうして交渉がスタートしました。借地人さんは地元の不動産会社を代理人に立て、当社と交渉することになりました。何度かの交渉を持ったあと無事に金額もまとまり、地主さんは借地権を買い戻しました。

問題は、2棟のアパートです。

1棟は築10年で部屋数は10、1DKで入居者は6人でした。もう1棟は築30年で部屋数10、4畳半一間のような古いタイプで4人が入居していました。

最初に、当社が地主さんに行なった提案は、次のようなものでした。

「10人の入居者に引越しをお願いしたらどうですか？　そのあと2棟のアパートを取り壊して、新しい1棟を新築しませんか？」

ところが当社の提案に、乗り気ではありませんでした。というのは、地主さんはこの他にもアパートを保有しており、アパートローンがあったからです。

そこで、当社は次の提案を行いました。

「古いほうの入居者4人に、新しいアパートへの引越しを言ってみましょうか？多少は家賃が上がるかもしれませんが、住み心地などを考えてOKしてくれるかもしれません。ただし、引越し費用は負担してください」

この提案に地主さんは大きくうなずき、納得されたようでした。そして、さっそく入居者と交渉に入ります。

その結果、4人のうちの2人は新しいアパートへの引越しを承諾し、2人は別のところへの住み替えを希望されました。住み替えを希望された2人には立退き料を支払い、引越しと退去は円満に完了しました。

このことで、これまで入居者が6人だったアパートは8人になり、稼働率が上がりました。一方、古いほうのアパートは取り壊し、当社が土地を借りて時間貸し駐車場にし、こちらからも収入が入るようになりました。

当社の提案が実を結び、地主さんに喜んでいただける結果になりました。もし当社でなく、建築会社に相談に行かれていれば、結果はまったく違っていたでしょう。

「融資の問題は解決しますので、2棟のアパートを取り壊してマンションを建てましょう」

おそらく、建築会社の営業マンはこんな話を持ち出していたはずです。

選択は地主さんの判断一つですが、借地権の買い戻しを借地人さんから申し出てきた場合、地主さんは「黙って買い」が得策なことは確かです。

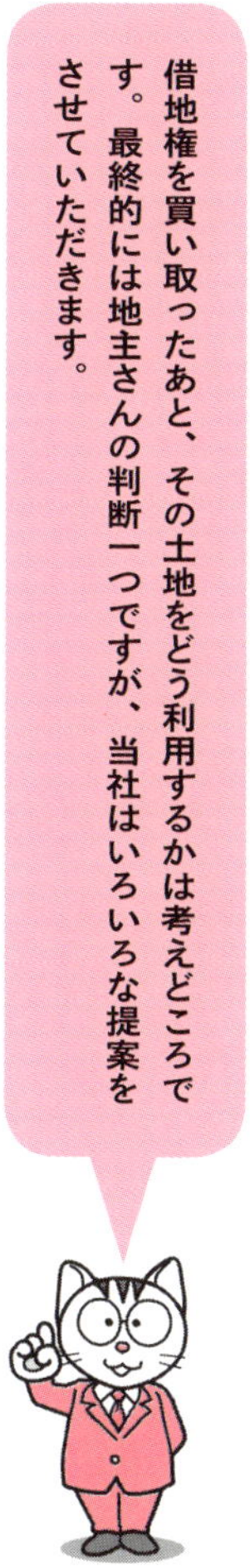
借地権を買い取ったあと、その土地をどう利用するかは考えどころです。最終的には地主さんの判断一つですが、当社はいろいろな提案をさせていただきます。

Question

5

底地と借地権を等価交換し、それぞれアパート経営をしたいが……。

父親が亡くなり、ある借地人さんが敷地面積２００坪の借地権と建物を相続しました。相続したのはよいのですが、この方はすでに自宅としてマンションを所有していて、この相続した家を使う必要はありませんでした。

「借地権をうまく使う方法はないでしょうか？　私としては借地権を売ってもいいのですが……」

借地人さんからの相談を受け、私どもは地主さんに購入する意向があるかうかがいました。

「借地権割合は60％ですが、当社との話し合いで、借地人さんは五分五分でもOKと言われていますが……」

「五分五分はありがたい。それなら借地権を買い取りたいが、買い取るだけの資金が今はない。すでにかなりの融資も受けているし、さらなる借入金は避けたい」

これが地主さんの言葉でした。

再度、私たちはプランを練り直し、借地人さんと地主さんに提案しました。

「どうでしょう、双方とも五分五分でOKなのですから、底地と借地権を等価交換して所有権を五分五分にしませんか？　そのうえでそこに住宅を建てて貸すなり、売ってもいいわけです。どちらにしても有利だと思いますが……」

借地人さんも地主さんも、当社の提案に即座に賛成されました。

しばらくして、借地人さんと地主さん双方から相談がありました。

「お互いに信頼できそうだから、土地を共同で運用しようと思っています。何か良い知恵はありませんか？」

こうした相談は、良好な人間関係があって初めて出てきます。借地権の整理がスムーズに運んだことが、そうした人間関係を築いたのでしょう。仲介に当たった私どもも、うれしく思ったものです。

「立地も良いですから、マンションなどを建ててはどうでしょう？　ディベロッパーをパートナーとすれば、マンションの建築資金も不要で、賃料収入も得られます。ご希望があれば、当社ではそうした相談にも乗ります」

この方法であれば、借地人さんは借地を活用でき、地主さんは、これまでの地代より多い家賃収入が期待できます。

借地権の処分では、ただ「売る・買う」だけが方法ではありません。借地人さんと地主さんの間で等価交換したり、ディベロッパーを入れてマンションなどの建築物を建て、さらに土地の高度利用をはかるという方法もあるのです。

コラム
COLUMN
10

等価交換した場合の上手な節税法は？

地主の所有する底地の上にディベロッパーがマンションなどを建て、等価交換するケースがあります。この場合、借地権を持つ借地人も含めた三者の等価交換になり、それぞれが負担した割合に準じてマンションの部屋を取得することになります。

地主も借地人も、無借金でマンションの部屋が所有できます。取得した部屋は自分で住むこともできれば、第三者に貸すこともできます。将来、これを売却することもできます。

借地人は地代を支払う必要がなくなり、貸せば家賃収入が得られます。地主は土地の高度利用ができ、収入増がはかれます。

普通、権利を売れば税金がかかってきますが、この場合は税金がかかりません。権利を土地から建物に変えただけというのが理由ですが、これは等価交換の大きなメリットになります。

注意すべき点は、等価交換で取得した部屋を売るタイミングです。

等価交換というのは、地主にすれば底地を売って建物にしています。借地人は、借地権を売って建物にしています。こうした形は、一種の買換えに相当するからです。

結論を言ってしまえば、5 年以内に売ると、短期譲渡所得が発生します。譲渡所得が 3000 万円以下なら税金はかかりませんが、3000 万円以上になると、3000 万円を超える部分に対して 39%の譲渡税の課税が行われます。

仮に 5 年以上経過してからの売却であれば、譲渡税は 3000 万円を超える部分に対して 20%となり、19%も節税できることになります。等価交換で建物などを取得した場合、くれぐれも 5 年以内で売らないことです。

Question

6

借地人さんの経営する会社が破産した。すぐに契約解除できるの？

借地人さんが会社などを経営していることもあります。

経営が順調に行けばよいのですが、会社が倒産する事態もありえます。地主さんから持ち込まれた相談がこのケースでした。

「借地人が経営していた会社が倒産してしまった。建物も差し押さえられ、地代の支払いが心配なので、契約を解除できるのでしょうか？」

この場合、いろいろなことが考えられます。

借地契約に、「債務不履行が生じた場合、契約を解除する」と書かれていたとします。この場合、倒産で地代の滞納が起きれば、地主さんは契約を解除できます。

問題は、倒産しても、そうした債務不履行が起きない場合です。この事例のように、「倒産して、地代の支払いが心配」といった理由で、契約が解除できるかどうか、です。

とくに微妙なのは、「その他**信頼関係が破壊**されたときは契約を解除できる」といった特約のある場合です。「その他信頼関係が破壊されたとき」という特約は、抽象的な表現だけにいろいろと解釈ができます。

会社の倒産には、さまざまな理由があります。借地人さんに会社を倒産させる大きな責任があったとしても、それが借地契約を継続できないほどの信頼関係の破壊に当たるかどうかです。

●信頼関係の破壊

契約においては一般的に、債務不履行があれば契約を解除できるのが原則である。しかし借地借家関係では借主保護の観点から、「信頼関係が破壊されたという事情」がない限り、解除は認められないとされる。どのようなケースが「信頼関係の破壊」に当たるかは、当事者の事情、社会通念などを考慮し、個々に判断する。

会社の倒産では経営者の責任が問われます。当然、借地人さんの責任も問われるでしょうが、そのことと借地権とは直接の関係はありません。一般的に、会社の倒産自体が、地主さんと借地人さんの人間関係を破壊するとは考えられません。「倒産したから、地代の支払いが心配……。いつか地代が滞納になったり、変なことが起きたりするのでは……」

地主さんの不安は理解できますが、その理由で、契約を解除することはできないと言ってよいでしょう。その後の展開ですが、差し押さえられた建物及び借地権は競売にかけられ、売却されました。そうなると建物の所有権と借地権は、実質的に買い受けた人に移転します。しかし買い受けた人は、地主さんに、借地権の譲渡の承諾を受けなければなりません。

地主さんが承諾すればそれでいいのですが、承諾していただけない場合、買い受けた人は、２ヵ月以内に裁判所に借地権譲渡の許可の申し立てをしなければなりません（借地借家法20条1項、３項）。

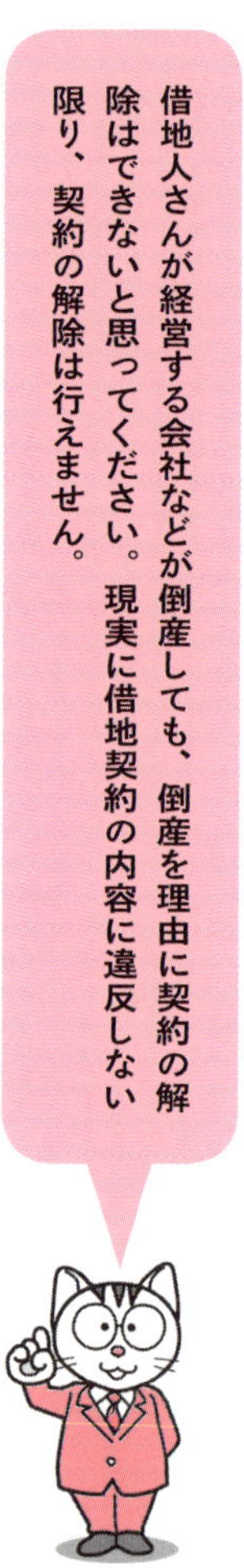
借地人さんが経営する会社などが倒産しても、倒産を理由に契約の解除はできないと思ってください。現実に借地契約の内容に違反しない限り、契約の解除は行えません。

Question

7

借地人さんが建物を無断で売り、第三者が住み始めてしまった。どうしよう？

あれ？いつのまにか借地上の建物に火星人が
キキー
ワレワレハ、Bさんカラコノ建物ヲ購入シマシタ
こうなったら地球防衛軍又は弁護士さんに相談してやる！
かかってこいヨー

ある地主さんから、こんな相談が寄せられました。

「借地人が、無断で借地上の建物を他人に売ってしまった。住み始めたその人に、土地の明け渡しを請求できるのでしょうか？」

借地権の売却は、地主さんに介入権があります。この権利は、借地契約は比較的長期にわたる契約であり、地主さんと借地人さんの信頼関係を基礎とするものだからです。

借地人さんが借地権を売る場合、まず地主さんに相談するのが筋です。また、第三者に売る場合は地主さんの承諾が必要です。

ですから、借地権を売ろうとした際、地主さんに承諾を求めたかどうかも問題です。地主さんが売却を拒否した場合、借地人さんは裁判所に申し立てることができたからです。裁判所では地主の拒否の理由を審理し、地主に正当な理由がなければ、借地人さんは承諾に代わる許可を得ることができます。

売却の許可の申し立ては、建物の譲渡前に行われなければなりません（借地借家法19条1項）。建物の売買契約が行われていたり、代金が支払われていたりする段階でも、譲渡許可の申し立てを行うことができます。

ただし、建物がすでに第三者に引き渡されていて、建物の所有権の移転登記も終わっている場合には、借地権も建物の従たる権利として、建物とともに譲渡されたものとみなされます。借地人さんは、譲渡許可の申し立てを裁判所に行うことはできません。

この事例の場合、借地人さんから売却の承諾打診もありませんでした。すでに第三者がそこに住み始めていることから、借地人さんは譲渡許可の申し立てはできず、地主さんは契約を解除できる可能性があります。

では、現に住んでいる人はどうなるのでしょうか？

借地権を無断で譲り受けたため、この人は、借地権を地主さんに主張することはできません。あくまでその人がそこに住み続けると、法的に不法占拠になります。不法占拠ということになると、契約解除しなくても、明け渡しを請求できます。また、地代相当の損害賠償も請求することができます。

以上のようなことを、私どもは地主さんにお話しました。

「分かりました。さっそく、弁護士さんと相談します」

安心した地主さんは、軽い足取りで当社をあとにされたものです。

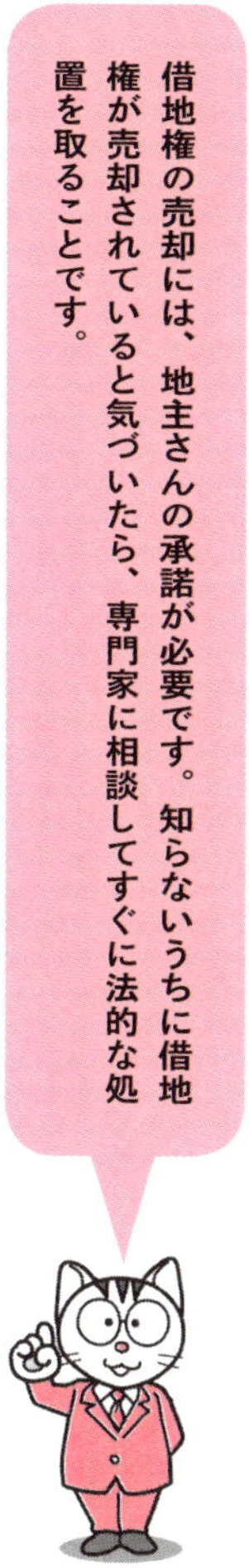
借地権の売却には、地主さんの承諾が必要です。知らないうちに借地権が売却されていると気づいたら、専門家に相談してすぐに法的な処置を取ることです。

Question

8

底地を9名の共有にしたら、骨肉の争いになってしまった。解決できるの？

当社に相談されれば、まずほとんどのトラブルが解決できます。ただ、どうにも解決できなかったケースもあります。それが共有での相続です。

「底地でも、借地でも、共有で相続すると大変なことになりかねません。相続するときは共有はやめ、話し合って単独にしましょう」

何度かこう繰り返してきたのは、そうした背景があるからなのです。

当社で解決できなかった数少ない例は、東京近県のある駅前の底地をめぐる相続人同士のトラブルでした。この底地は駅前の一等地で、3区画あります。3区画と言っても、面積を合計すると何千㎡にもなる広さです。

近辺は多くのビルが建っていますが、この3区画分だけが一部更地と、ボロボロになった建物が建っています。借地人さんは建物を取り壊して去っていったり、立て札だけを立てて離れてしまったからです。

当初、この土地の地主さんは長らく病床にありました。その地主であるお母さんを看病し看取ったのは、同居していた娘のA子さんでした。

「最後まで面倒を見てくれたお前に全部相続させる」

A子さんにお母さんはそう言い、A子さんは遺言を書いてもらいました。遺言を**公正証書遺言**にすればよかったのですが、**自筆証書遺言**にしてしまいました。

公正証書遺言は、「公証人」が作成する公文書です。公文書であるために証拠

●公正証書遺言
公証人がつくる、最も証拠能力の高い遺言。2人以上の証人の立会いの下で、遺言者が口述して公証人が筆記し、内容が適正であることを確認して、各人が署名押印する。

●自筆証書遺言
必要事項をすべて自筆で書く遺言のこと。立会人や証人がいらないので、簡単に作成でき、費用もかからないが、内容が法律の要件を満たさないため無効になったり、偽造や変造の恐れがある。

力が高く、遺産の分割がスムーズに運びます。

自筆証書遺言は、その名のとおり、自筆で作成する遺言です。簡単につくれますが、証拠力に劣る難点があります。

法定相続人は、A子さんと兄弟のBさんとCさんの3人でした。遺産分割協議では、遺言をめぐって激しいやり取りが行われました。揉めた原因は、証拠力に劣る自筆証書遺言です。

「あの遺言は、A子が無理に書かせたものだ」

Bさんとこさんは、強硬に言い張ります。結局、A子さんは折れ、やってはいけない共有の相続にしてしまったのです。

しばらくはそのままの状態が続きましたが、そのうちBさんとCさんが2人とも亡くなります。BさんとCさんが相続した分はまた、その法定相続人が共有で相続します。A子さんも亡くなり、A子さんの相続した土地の持分も、A子さんの相続人が共有で相続しました。

一次相続、二次相続の結果、土地の相続人は9人。それぞれが共有で相続したため、1つの土地に9人の地主という事態になってしまったのです。

それぞれの地主さんは、自分が地主であることを主張します。確かに地主であることは間違いないのですが、こうなると借地人さんも大迷惑です。

各地主さんから、「私に地代を払ってください」と文書が回ってくるうえ、契約更新もままなりません。建替えを考えても、「私に建替え承諾料を……」「いや、私に……」と地主さん同士が譲りません。

借地権を売って出て行きたくても、そういうときだけは誰も交渉のテーブルにつこうとしません。その結果、借地人さんは建物を取り壊して引っ越したり、立て札だけを立ててどこかに行ってしまったというわけです。

「A子叔母さんは意地悪だった。路地裏に連れて行かれてよくつねられた」

「B夫伯父さんは意地汚かった。お母さんからよく小遣いをせびっていたけど、それは生前贈与に計算されたのか？」

「C郎叔父さんは、小ズルかった。家のなかのものをいつも持ち出していた」

いま、９人の地主さんは自分の思惑で入り乱れ、まさに骨肉の争いです。当社ではいろいろと調整を試みましたが、結局は裁判に持ち込まれることになり、解決を断念せざるを得なくなったのでした。

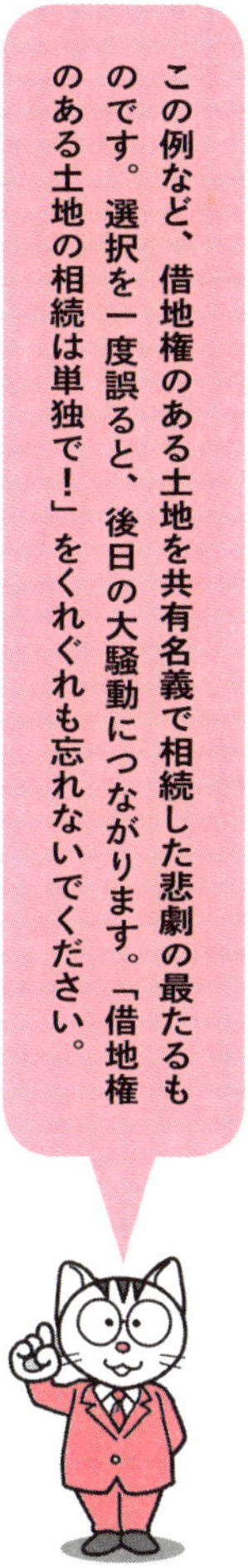
この例など、借地権のある土地を共有名義で相続した悲劇の最たるものです。選択を一度誤ると、後日の大騒動につながります。「借地権のある土地の相続は単独で！」をくれぐれも忘れないでください。

Question

9

地代値上げを打診すると、建替えができないので供託している。どうしよう？

むかーし
むかし
接道ギムは
1・8m
だった
そうな…
その後法改正で
2mになったが
それから十年くらい
は1・8mの
ままだった
そうな…
？
？
それから
バブルが生まれ
タテワリ様が
お役所仕事で…
法改正で頭が
混乱した時も
プロにご相談を！

司法書士と土地家屋調査士は法務省の管轄、測量士と建築士は国土交通省の管轄です。国土交通省の通達は司法書士や土地家屋調査士には行きません。

昭和45年の**建築基準法**改正で、**接道義務**が1・8ｍから2ｍに変わりました。しかし、それから10年ほど、1・8ｍで区割りしていた土地は少なくないのが実情です。

こうしたことの起きた原因は、司法書士や土地家屋調査士が国土交通省の通達を知らず、1・8ｍの接道でいいとしていたことで、いまでも2ｍの接道義務を満たしていない土地があります。借地にもそれが反映され、この接道義務を満たしていないことが借地のトラブルにもなっています。1・8ｍの接道では、建替えができなくなっているからです。

当社にも、こうしたケースの相談がありました。

このケースでは、区画を3等分し、そこにAさん、Bさん、Cさんの住宅が3軒建っている借地がありました。このうち、Aさんの土地は建築基準法に沿う4ｍの道路に面していましたが、真ん中のBさんと奥のCさんは無接道地となっていました。その後、バブル時代になり、地主さんから地代の値上げ交渉がありました。地代が1万円から2万円になり、やがてAさんは5万円、BさんとCさんは4万円という話が地主さんからきます。

●建築基準法
昭和25年に制定された、建物を建築する際の基本法。国民の生命・財産・健康の保護を目的とし、建築物の構造や設備の強度・安全性、建築する敷地と道路の関係、用途地域ごとの建築物の種類や規模などにつき、最低限の基準を定めている。

●接道義務
都市計画区域内において、建築物の敷地が建築基準法の道路（自動車専用道路を除く）に2メートル以上接していなければならないこと。

土地の現況図

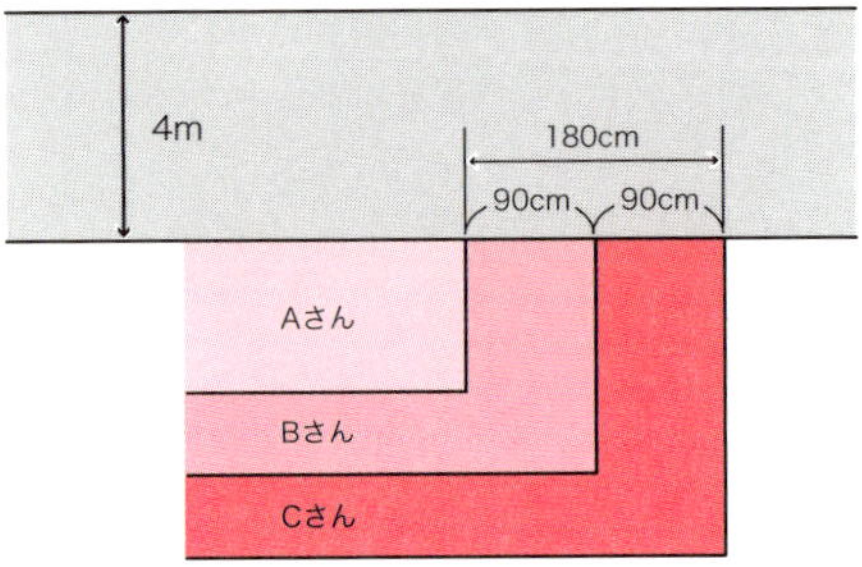

このとき、BさんとCさんは建替えを考え始めていました。そこで調べてみると、Aさんは建替えができても、自分たちは建替えできないことを知ったのです。

Aさんは建替えができますから、5万円の地代を承諾します。しかし、BさんとCさんは建替えができないため、地代の値上げ交渉は決裂してしまいました。

「建替えができないのに、値上げはないだろう。自分たちは2万円しか払わない」

BさんとCさんは主張します。

「2万円なら、私は受け取らないよ」

一方の地主さんもこう主張します。

地主さんが地代を受け取らないため、BさんとCさんは地代の2万円の供託を始めます。地代の供託で、借地権を保全しておこうとしたわけです。

COLUMN《コラム》

11

道路幅と建物の敷地との関係は?

建築基準法では「道路は原則として４ｍ以上の幅があること」を要求し、建築物の敷地として使用する場合、「道路に対し、敷地は２ｍ以上接していなければならない」としています。

この２ｍ接道の義務が建替えのできない借地を生んで問題になっているわけですが、以前から建築物が立ち並んでいる道で、特定行政庁の指定したものは緩和措置があります。中心線から建築物を２ｍほどバックさせることで道路とみなし、新しく建築できるとされているのです。しかし、自治体によっては特別の条例を定めているケースもあり、注意が必要です。

ご存知のように、道路には公道と私道があります。私道とは、「一般の人が、自分の所有する土地を一般の人の通行のために開放している道路」です。地主や借地人のなかには、「私道だから変更や廃止は自由だろう」と考えている人もいますが、私道でも変更や廃止に制限があります。

図①

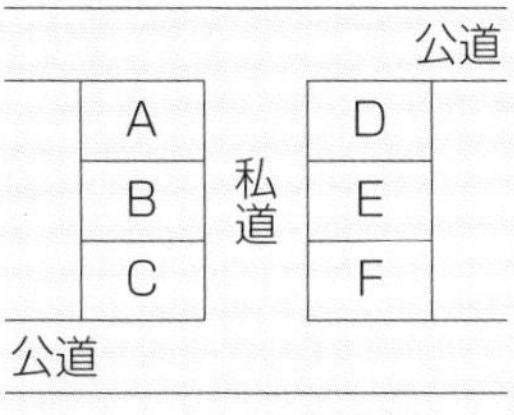

図②

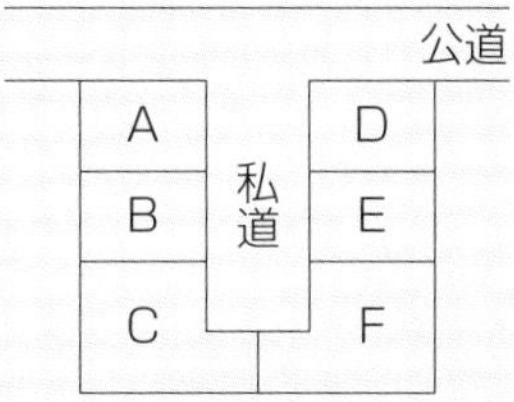

図①の場合、A〜F 全員の合意があっても、私道の廃止はできません。A〜F 以外にも、不特定多数の人がこの私道を利用していると思われるからです。

図②の場合、この私道は廃止できます。ただし、「A〜F の全員の合意、およびこれらの敷地を一体として使う建築物をつくる場合のみ」という条件があります。

地代の供託がしばらく続いた後、解決が見えないことに嫌気がさした地主さんは底地の処分を考え、当社に相談に来られました。

地主さんの意向で、当社が底地を買い取り、３人の借地人さんとの交渉に入りました。

Ａさんに話をうかがうと、Ａさんは等価交換を希望していて、等価交換で土地を所有権にし、そこに住宅を建替えたいということでした。

このままでは建替えができないＢさんとＣさんには、とくに希望はありませんでした。そこで当社は、次のような提案をしました。

「等価交換がご希望なら等価交換という方法もありますし、借地権を売って違う土地で所有権を持つこともできます。その場合、当社が借地権を買います」

ＢさんとＣさんはこれに応じ、当社に借地権を売ることで、この問題も無事に解決することができました。

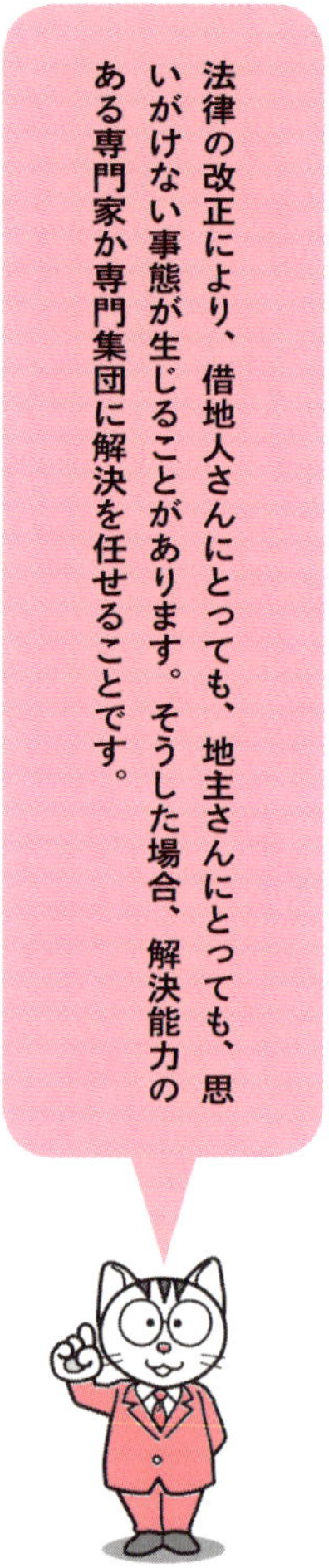
法律の改正により、借地人さんにとっても、地主さんにとっても、思いがけない事態が生じることがあります。そうした場合、解決能力のある専門家か専門集団に解決を任せることです。

Question

10

相続で、更地でなく貸地を物納したいけど大丈夫なの？

相続が発生すると、相続税が大きな問題になります。相続税の申告・納付は、相続が発生してから10ヵ月以内と決められています。

「金銭での一括納付は難しい。相続した貸地と更地のうち、貸地を物納することはできないのでしょうか？」

相続人の方から、こんな相談を受けることもあります。

「相続人が3人いて、長男と次男が現預金を相続し、三男が貸地を相続しました。長男と次男は相続した現預金から相続税を払えるのですが、貸地を相続した三男は相続税を支払う金銭的余裕がありません。三男の貸地の物納は認められるのでしょうか？」

こうした相談を受けたこともあります。相続税は、金銭による一括納付が原則です。金銭一括による支払いが難しい場合、次の方法が延納です。現金一括払いも延納も難しい場合、最後の方法が物納になります。

物納は難しいといった話もよく話題になりますが、これは物納を抑えたい国の施策アピールなのではないでしょうか。物納の収納価額は、路線価額を基に算定した相続財産評価額が用いられます。バブル崩壊後、土地デフレによって、物納された土地の取引価格が路線価評価を下回ることが多くなりました。そのため、国は値下がり、リスクをかぶることになったからです。

現実問題として、価格と条件さえ整えば、更地ではなく、借地人さんに貸したままの状態で貸地を物納することも可能です。ただし、物納が認められる条件はかなり厳しく、物納が認められないケースのほとんどは、一定時間内に条件をクリアできないことによるものです。

相続で貸地の物納が起きそうな場合、生前から、物納の条件を整備しておくとよいでしょう。「相続が発生した場合、この貸地を物納しよう」と生前から決めて条件を整え、実際に相続が発生したときに物納を申し出るわけです。

貸地が物納されても、借地人さんはその土地に住み続けることができます。土地の所有が地主さんから国に移っただけだからです。

「相続税が支払えないから、貸地を物納するしかない……」

こう決める前に、借地人さんに購入の意思があるかどうかを確認してもよいでしょう。また、借地人さんと共同で、第三者に土地を売却するという手もあります。どちらでも、その売却代金での相続税支払いが可能なケースもあります。こうなると、貸地の物納で悩む必要はなくなります。

貸地の物納では、相続が発生する前から条件を調えておくことです。当社ではそうしたご相談にも乗らせていただいております。

おわりに

本書では、借地権と底地にまつわる、いろいろな事例を取り上げてお話しました。

言うまでもないことですが、本書で取り上げた事例に類する場合でも、本書で紹介したような形で必ず解決に至るとは限りません。現実の借地権・底地の問題には様々な要素が関係し、解決に至る答えはそれこそ千差万別だからです。

借地権や底地は、契約関係さえしっかりしていれば大きな財産です。借地人さんが借地を借地として持ち続けることも、地主さんが土地を貸すことも、契約関係さえきちんとしていれば、それはそれで価値のあることなのです。

地主さんと借地人さんが信頼関係で結ばれ、良好な貸借関係を続けている方々も多くおられます。今後ともそうした良好な貸借関係の維持を望まれるのであれば、きちんと契約書を整理したり、将来のリスクをなくすような形で権利を持つように心がけられたほうが良いでしょう。そうした心がけ一つで、良い財産として長期間維持することができます。

しかし、現実に目を向ければ、借地権・底地についての問題が頻発しています。その大きな原因を、私どもは次のように考えています。

①自分の権利ばかりに目を向け、お互いの立場を理解しようとしなかった
②自分たちで解決しようとし、意見の違いから感情的になってしまった
③第三者（不動産会社など）に調整を依頼する際、知識と経験のある中立的な立場を貫く第三者に依頼しなかった
④法律の専門家だけに解決を依頼したため、法律的な解決が先行してしまった

借地権をめぐる地主さんと借地人さんのトラブルは、幸せなことではありません。まして、相続などに端を発する地主さんや借地人さんの肉親同士のトラブルは、人間関係や家族関係に大きな亀裂を招き、取り返しのつかない事態に発展しかねません。

第5章でご紹介した案件を思い出してください（176ページ参照）。

この事例では、一つの底地を9名で共有することになった結果、ある方の持分が1億分の1256231 2という複雑極まりない数字になってしまったのです。こうなると、円満な解決は非常に難しくなります。

このような事態になる前に、問題を先送りせず、信頼できる第三者を間に立てておけば、話し合いもスムーズに進むでしょう。結果も、関係者全員が了解でき、納得できるものになります。

具体的に動けば、それに見合った具体的な答えが返ってきます。そのためのお役に立ちたい――。

当社は、常にそうしたスタンスでご相談や問題解決に全力で当たってきましたし、今後も当たる所存です。借地権や底地の買取り・売却、建替え、相続などで悩みごとがあれば、気軽にご相談いただければと思います。

末尾になりましたが、出版社はじめご協力いただきました皆様に改めて感謝いたします。

〈本書に関するお問い合わせ先〉

住友林業レジデンシャル
借地権事業部

〒160-0022
東京都新宿区新宿 2-19-1　ビッグス新宿ビル 4F
TEL：0120-917-093
FAX：03-3350-9834
http://www.sumirin-residential.co.jp/

〈編集協力〉
ことぶき法律事務所
　弁護士　亀井　英樹
　弁護士　林　幸平
十文字会計鑑定事務所
　税理士・不動産鑑定士　十文字　良二
プロサーチ株式会社

実践《じっせん》！ 借地権《しゃくちけん》との上手《じょうず》なつきあい方《かた》

2009 年 5 月 29 日　初版第 1 刷
2023 年 12 月 25 日　　第 7 刷

編著者 ――――― 住友林業《すみともりんぎょう》レジデンシャル 借地権事業部《しゃくちけんじぎょうぶ》
発行者 ――――― 松島一樹
発行所 ――――― 現代書林
〒162-0053　東京都新宿区原町3-61　桂ビル
TEL／代表　03(3205)8384
振替00140-7-42905
http://www.gendaishorin.co.jp/
カバーデザイン ―― 吉崎広明
本文マンガ ――― 小林たけひろ

印刷・製本：広研印刷(株)
乱丁・落丁本はお取り替えいたします。

定価はカバーに
表示してあります。

ISBN978-4-7745-1187-0 C0033